ORDRES

DE

CHEVALERIE

ET

ET MARQUES D'HONNEUR

FRANCE.

Pl. IV.

Modèles fournis par LEMAITRE, fabr. d'Ordres français et étrangers, 40, rue Coquillière, Paris

ORDRES

DE

CHEVALERIE

ET

MARQUES D'HONNEUR

DÉCORATIONS NOUVELLES

ET MODIFICATIONS APPORTÉES AUX ANCIENNES JUSQU'EN 1869

PUBLIÉ PAR

ADOLPHE WAHLEN

Chevalier de plusieurs Ordres

PARIS

LIBRAIRIE DIPLOMATIQUE D'AMYOT

8, RUE DE LA PAIX, 8

M DCCC LXIX

Tous droits de traduction et de reproduction réservés.

AVANT-PROPOS

Lorsque parut pour la première fois, en 1845, l'*Histoire des Ordres de Chevalerie et marques d'honneur*, cet ouvrage obtint immédiatement un très grand-succès, car il venait combler une lacune existante depuis longtemps. Les auteurs qui avaient traité auparavant le même sujet l'avaient fait d'une manière incomplète, ou s'étaient arrêtés à une époque déjà éloignée de nous. Aussi le livre nouveau fut-il bientôt traduit en plusieurs langues, et il eut sa place marquée dans toutes les grandes bibliothèques.

Cette publication importante, faite consciencieusement et avec le plus grand soin, valut à son auteur * de nombreuses

---

* Auguste Wahlen, typographe, né à Bruxelles en 1785, mort à Paris en 1849. Il fut le régénérateur de l'Imprimerie en Belgique et voua son existence au progrès de cet art dans sa patrie. Honoré de plusieurs médailles dans les diverses expositions de l'industrie nationale, de 1818 à 1845, il reçut également de nombreuses marques de distinction de la plupart des souverains de l'Europe, pour la perfection de ses travaux et les services qu'il avait rendus, par ses importantes publications, aux sciences, aux lettres et aux arts.
Aug. Wahlen était chevalier de l'ordre *Léopold*, de Belgique ; commandeur de l'ordre de *Wasa*, de Suède et Norwége, et du *Nichan*, de Turquie, en brillants; officier de l'ordre de l'*Aigle rouge*, de Prusse ; chevalier des ordres : des *Guelphes*, de Hanovre ; d'*Isabelle-la-Catholique*, d'Espagne; du *Christ*, de Portugal; de *Saint-Grégoire*, des États romains ; du *Sauveur*, de Grèce; de la *Rose*, du Brésil ; décoré de la *Croix de Mérite* de l'ordre de la branche Ernestine de Saxe, et des Médailles d'or, *pour les Sciences et les Lettres*, de Russie, de Suède, de Danemark, de Prusse, de Saxe royale, de Sardaigne, des Pays-Bas, etc.

marques de satisfaction de la plupart des souverains, régnant à cette époque, qui voulurent ainsi récompenser celui qui, sans reculer devant le travail et les frais considérables qu'une œuvre aussi ardue et aussi compliquée devait lui coûter, n'avait pas hésité à l'entreprendre et l'avait si consciencieusement accomplie.

En effet, ce n'était pas une chose facile que de réunir les nombreux documents officiels, statuts, rapports, notices et dessins, qu'un tel ouvrage exigeait, si on voulait le rendre entièrement exact et, surtout, complet.

Il fallait non-seulement reproduire et décrire six à sept cents modèles de croix, médailles, plaques, cordons, etc., mais aussi rechercher les diverses modifications opérées dans les anciens ordres, et indiquer les changements que presque tous ont subis, soit dans leurs statuts, soit dans leurs insignes, depuis leur institution primitive.

Au moyen de nombreuses recherches et grâce au concours bienveillant qu'il obtint des ministres et des chancelleries de la plupart des nations, avec lesquels il était parvenu à se mettre en rapport, Auguste Wahlen put mener à bonne fin cette tâche laborieuse.

Depuis lors, le temps et les événements politiques ont apporté de nouveaux changements dans un grand nombre d'ordres, et les dernières guerres ont donné lieu à la création de beaucoup de nouvelles marques de distinction. Nous avons, en conséquence, cru faire chose utile en publiant l'histoire de ces nouvelles décorations, indiquant, en même temps, les modifications apportées aux anciennes. Nous complétons ainsi l'œuvre de notre père, à laquelle, du reste, nous avions déjà collaboré autrefois.

AVANT-PROPOS.

Dans ce travail, utile aux personnes qui ont reçu de ces nouvelles décorations, comme à celles qui en possèdent d'anciennes, nous avons suivi le même ordre et les mêmes principes qui ont dirigé le premier. Nous n'y avons rien inséré qui ne fût fondé sur des renseignements officiels, ou établi par des documents sérieux et authentiques.

Quant aux figures, elles ont été gravées d'après des dessins originaux ou sur des modèles fournis par M. Lemaître, fabricant d'Ordres français et étrangers, à Paris, qui a bien voulu mettre à notre disposition sa belle collection de décorations et de médailles de tous les pays, et nous prêter l'appui de ses connaissances spéciales.

Enfin, nous n'avons rien négligé pour rendre notre livre aussi exact et aussi complet que possible, nous espérons donc qu'il sera accueilli avec la même faveur que l'ouvrage qui l'a précédé, et auquel il servira de supplément, tout en étant, en même temps, un ouvrage distinct.

Ad. W.

AUTRICHE. — BAVIÈRE.   Pl. 1.

Modèles fournis par LEMAITRE, fabr. d'Ordres français et étrangers, rue Coquillière, 40, Paris.

ORDRES DE CHEVALERIE.

DÉCORATIONS NOUVELLES
ET MODIFICATIONS APPORTÉES AUX ANCIENNES, DEPUIS 1848.

AUTRICHE.

CROIX DE MÉRITE MILITAIRE.

Un ordre du jour du feld-maréchal Giulay, ministre de la guerre, en date du 24 octobre 1849, fait connaître que l'empereur, pour reconnaître les nombreux hauts faits et le dévouement de l'armée, a fondé une croix de *Mérite militaire.*

Elle s'accorde aux officiers qui ont rendu des services éminents, en temps de guerre, par leur intelligence, leur courage et leur résolution, ou qui, en temps de paix, ont montré un grand zèle et une activité extraordinaire.

Cette décoration (pl. 1, n° 1) est en argent, bordé d'émail rouge, avec l'inscription « *Verdienst* ». Elle se porte à la boutonnière ou sur le côté gauche de la poitrine, suspendue au même ruban que la *Médaille de Bravoure.*

DÉCORATION DE SERVICE MILITAIRE.

Par décret du 19 septembre 1849, l'empereur, sur la proposition du ministre de la guerre, feld-maréchal Giulay, a créé une décoration en faveur des longs et loyaux services des officiers et soldats de l'armée et de la marine.

Pour les soldats, cette décoration se divise en deux classes :

La première est accordée à ceux qui, après un service de huit années, prennent un nouvel engagement de même durée.

La seconde est accordée à ceux qui, après un service de seize années, contractent pour un nouveau terme de huit années.

Les hommes au service à la date précitée, mais qui n'ont pas pris de nouvel engagement, reçoivent, à l'expiration de la seizième année, la décoration de première classe, et, après vingt-quatre années, celle de seconde classe.

Pour les officiers, cette distinction se partage aussi en deux classes :

La première est accordée après vingt-cinq ans, et la seconde, après cinquante ans de service, non compris les années de congé surnuméraire, ou de pension temporaire.

Cette nouvelle distinction annule la *Médaille de Vétérance*. Toutefois le port de cette médaille est continué à ceux qui n'auraient pas droit à la *Décoration militaire*, ou qui ne prendraient pas un nouvel engagement pour le terme des années qui leur manquent.

Les insignes sont en bronze pour les soldats, avec l'écusson en argent pour la seconde classe. Pour les officiers, la croix est en bronze, avec l'écusson d'argent pour la première classe, et d'or pour la seconde. (Pl. 1, n° 2 et n° 3.)

Le ruban est jaune, à deux lisérés noirs. En uniforme, il s'attache à la hauteur du premier bouton ; en costume civil, à la boutonnière.

MÉDAILLE TYROLIENNE.

La *Gazette officielle de Vienne* a publié la lettre suivante adressée par l'empereur au prince Lobkowitz, gouverneur du Tyrol et du Vorarlberg :

Cher prince Lobkowitz,

Lorsque, par le rappel d'une partie de l'armée du Sud, à l'effet de renforcer l'armée du Nord, et de protéger la capitale de l'empire, les dangers augmentèrent pour ma province bien-aimée du Tyrol, je fis appel au peuple de cette province pour la défense du sol natal, exprimant la certitude que les petits-fils se montreraient dignes de leurs ancêtres.

Là où la *Landsturm* fut appelée, son organisation fut rapidement activée. A trois reprises différentes, la *Landsturm*, bien armée, remplie d'audace, occupait les postes qui lui étaient assignés.

En souvenir de ces jours de fidélité, de courage et de gloire, j'ai décidé de faire frapper une médaille d'argent, avec mon portrait d'un côté, et l'inscription suivante de l'autre : *A mon fidèle peuple du Tyrol.* — 1866.

Cette médaille sera distribuée à tous les défenseurs du pays qui ont été en campagne, ainsi qu'aux membres de l'administration supérieure de la défense du pays, et elle sera attachée à un ruban aux couleurs nationales du Tyrol.

Que cette médaille soit une marque d'honneur pour chacun, mais aussi pour le pays tout entier qui s'est, de nouveau, acquis une place d'honneur dans l'histoire de l'Autriche.

Schœnbrunn, le 17 septembre 1866.

FRANÇOIS-JOSEPH.

MÉDAILLE DU SCHLESWIG.

Une médaille a été créée collectivement par l'Autriche et la Prusse, alliées contre le Danemark en 1865, lors de la guerre du Schleswig. On en trouvera la description à l'article *Prusse*.

BAVIÈRE.

ORDRE DE MÉRITE
DE LA COURONNE DE BAVIÈRE.

Par ordonnance du 24 juin 1855, le roi Maximilien II a introduit des modifications aux statuts de cet ordre. Il se compose aujourd'hui de cinq classes : Grands-croix, — grands-commandeurs, — commandeurs, — chevaliers, — décorés de la médaille.

Les insignes sont restés les mêmes pour les quatre anciennes classes. Le nouveau grade introduit, celui de grand-commandeur, tout en portant le bijou des commandeurs, s'en distingue par l'étoile des grands-croix, fixée sur la gauche de la poitrine, mais d'un module plus petit.

ORDRE DE SAINT-MICHEL.

Une ordonnance du 24 juin 1855 partage en cinq classes l'ordre de *Saint-Michel,* savoir : Grands-croix, — grands-commandeurs, — commandeurs, — chevaliers de première classe, — chevaliers de seconde classe.

Les insignes de première, deuxième, troisième et quatrième classes sont maintenus. Mais les grands-commandeurs portent en sautoir la croix et y ajoutent, au côté gauche de l'habit, une plaque comme celle de la première classe, mais dans des proportions réduites.

La croix des chevaliers de deuxième classe se distingue par l'absence de couronne.

Les rapports de préséance entre les deux ordres ci-dessus sont réglés comme suit :

Les grands-croix, grands-commandeurs et commandeurs de la *Couronne de Bavière* ont le pas sur les mêmes grades dans l'ordre de *Saint-Michel*.

Les chevaliers de la *Couronne de Bavière* précèdent les chevaliers de première classe de *Saint-Michel*.

Viennent ensuite les chevaliers de deuxième classe de ce dernier ordre, et ensuite les médaillés de la *Couronne de Bavière*.

ORDRE DE LOUIS.

De même que pour les deux ordres ci-dessus, un décret du roi de Bavière, publié en 1866, a divisé en cinq classes l'*Ordre de Louis* qui n'en comptait que deux précédemment, et prescrit les mêmes règles pour le port des insignes, dont la forme a été modifiée.

La plaque des grands-croix et des grands-commandeurs est représentée planche 1 (n° 4), et la croix pour les trois premiers grades, même planche (n° 6).

La décoration des chevaliers de première classe est représentée planche 1 (n° 5). Celle de deuxième est du même module, mais en argent.

ORDRE DE SAINT-GEORGES.

Chaque aspirant à l'ordre est tenu, avant son admission, de prouver par des documents écrits l'origine allemande et la noblesse de tournoi, tant de lui-même que de tous les ancêtres de sa lignée, jusqu'au cinquième degré. Le cinquième degré, toutefois, comprendra encore, outre les seize ancêtres dont il faut justifier chez le père et la mère, les ancêtres plus éloignés.

Il est également requis qu'aucun anobli ne figure parmi les trente-quatre ancêtres qui forment l'arbre généalogique. Il faut également justifier d'une possession ininterrompue de noblesse pendant trois cents ans, dans la ligne directe ascendante, tant paternelle que maternelle.

Les preuves à fournir sont complétement analogues à celles des anciens ordres de chevalerie allemands, et des chapitres.

Pour être reçu, chaque candidat doit adresser sa demande par écrit au Sérénissime Grand-maître. La forme et manière d'après laquelle les preuves sont administrées lui est indiquée dans une instruction imprimée.

L'ordre se répartit en deux langues : l'allemande et l'étrangère. Ne sont reçus dans la première que les nobles dont l'arbre généalogique ne renferme que de vraies familles allemandes. Font partie de la seconde ceux qui, ou bien descendent de familles étrangères, ou possèdent parmi leurs ancêtres quelque famille non allemande.

La langue allemande formera les deux tiers. Du reste, les deux langues sont tenues à une justification d'ancêtres également rigoureuse.

On n'admettra personne qui appartienne à un ordre étranger. Un membre de l'ordre de *Saint-Georges* ne peut accepter aucune autre décoration, sans l'autorisation du Grand-maître.

Nul n'est reçu, qu'il n'ait accompli l'âge de vingt et un ans. Les princes régnants et les ducs en Bavière, ainsi que les princes de maison souveraine, sont exceptés. Il est nécessaire que le candidat ait voyagé hors de l'Allemagne, ou assisté à une campagne.

BELGIQUE. — CHINE. — CAMBODGE. — DANEMARK. Pl. II.

Modèles fournis par LEMAITRE, fabr. d'Ordres français et étrangers, rue Coquillière, 40, Paris.

BELGIQUE.

CROIX COMMÉMORATIVE.

Le 20 juillet 1856, le roi Léopold Iᵉʳ, voulant, à l'occasion du vingt-cinquième anniversaire de son règne, décorer d'un signe commémoratif de cet événement les officiers, sous-officiers et soldats qui, pendant cette période de vingt-cinq ans, n'ont pas cessé de rendre au pays et à lui de bons et loyaux services, institua une décoration qui, pour les officiers, est une croix en émail blanc bordée d'or, et pour les sous-officiers et soldats, en bronze doré. (Pl. II, n° 1 et n° 2).

Le bijou se porte sur la gauche de la poitrine, suspendu à un ruban vert avec deux raies rouges.

La même distinction a également été accordée aux officiers, sous-officiers et gardes civiques qui, à la date du 21 juillet 1856, comptaient vingt-cinq années de services non interrompus.

DÉCORATION CIVIQUE.

Cette décoration a été instituée le 21 juillet 1867, par le roi Léopold II, sur la proposition de M. Van den Peereboom, ministre de l'intérieur, ainsi conçue :

Sire !

Les distinctions honorifiques décernées aux citoyens qui ont bien mérité du pays ou de l'humanité constituent un puissant moyen d'émulation ; dignes attestations du talent, des vertus publiques ou des services loyaux rendus à la patrie, elles élèvent aux yeux de tous ceux qui les ont obtenues, et sont, à ce titre, l'objet d'une légitime ambition.

L'utilité de ces distinctions a été comprise en Belgique. Sans parler de la *Croix de fer* et de l'*Ordre Léopold*, divers arrêtés royaux ont institué des médailles destinées à récompenser les personnes qui se distinguent par des actes d'humanité, de courage et de dévouement, soit en cas d'accidents ou de sinistres, soit en temps d'épidémie ou d'épizootie. Un signe honorifique spécial a été créé en 1847, en faveur des travailleurs industriels et agricoles qui se distinguent par leur habileté et leur moralité, et le roi Léopold, votre auguste père, par un arrêté du 20 juillet 1856, voulant, à l'occasion du vingt-cinquième anniversaire de son règne, reconnaître le dévouement de la Garde civique et de l'Armée, a créé une décoration exclusivement réservée à ceux qui, appartenant à l'un ou à l'autre de ces deux corps, n'avaient point cessé, pendant les vingt-cinq premières années de règne du premier roi des Belges, de rendre au pays et au roi de bons et loyaux services.

Dans un pays comme le nôtre, où un grand nombre de citoyens prennent part à l'administration des affaires publiques, soit comme mandataires du corps électoral, soit comme administrateurs ou fonctionnaires des provinces ou des communes et des institutions, qui en dépendent, il n'y a pas de fonctions, si modestes qu'elles soient, qui, exercées avec zèle, dévouement et intelligence, ne donnent à ceux qui les remplissent pendant de longues années, et souvent gratuitement, des titres à une récompense honorifique. C'est surtout dans l'administration des communes et des établissements de bienfaisance et dans le personnel enseignant de nos écoles primaires, que se rencontrent fréquemment des dévouements dignes d'être signalés à la reconnaissance publique.

Nous avons pensé, Sire, qu'il serait, à la fin, juste et utile de récompenser les dévouements modestes, par une distinction analogue à celle qui, en 1856, fut exclusivement décernée à deux catégories de serviteurs de l'État. Donner à l'institution de ce signe honorifique un caractère de stabilité, en même temps qu'une plus large application, ce serait, en outre, honorer la mémoire du fondateur de notre dynastie nationale, et rendre un nouvel hommage à la sagesse de son règne long et glorieux.

La même distinction servirait à récompenser les actes éclatants de courage, de dévouement et d'humanité, à l'occasion des malheurs, sinistres ou accidents, et pendant les épidémies ou épizooties.

Conformément au principe inscrit dans l'arrêté royal du 20 juillet 1856, la décoration nouvelle comprendrait deux degrés : une Croix et une Médaille.

L'institution de cette dernière marque distinctive, tout en donnant au gouvernement le moyen de proportionner la récompense au mérite, lui permettrait de remplacer par un signe honorifique unique les diverses médailles accordées actuellement à raison de services ou d'actes de nature très-différente. La décoration en faveur des travailleurs industriels et agricoles serait seule maintenue à titre distinct et spécial.

S. M. ayant daigné accueillir le principe de cette institution, a rendu l'arrêté suivant :

Léopold II, etc.

Sur la proposition de Notre Ministre de l'Intérieur, et de l'avis de Notre conseil des ministres,

Nous avons arrêté et arrêtons :

Art. 1er. Il est créé une décoration destinée à récompenser les services rendus au pays à la suite d'une longue carrière dans les fonctions provinciales, communales, électives ou gratuites, ainsi que les actes éclatants de courage, de dévouement ou d'humanité.

Art. 2. La décoration porte le titre de *Décoration civique*. Elle comprend deux degrés : la Croix et la Médaille, et se divise en cinq classes, deux pour la Croix, et trois pour la Médaille.

Art. 3. Le modèle de la Croix est celui de la croix émaillée, instituée par l'arrêté royal du 20 juillet 1856. (Pl. II, n° 3.)

Art. 4. La Médaille est conforme au modèle réduit de la décoration instituée par l'art. 2 du même arrêté. (Pl. II, n° 4.)

Art. 5. La décoration est suspendue à un ruban ponceau, rayé de noir, quand elle est destinée à récompenser les longs et loyaux services administratifs, et à un ruban ponceau rayé de noir et de jaune, quand elle est accordée pour actes de courage, de dévouement ou d'humanité. La médaille ne peut se détacher du ruban.

Art. 6. Sauf pour actes de courage, de dévouement ou d'humanité, la *Décoration civique* ne peut être obtenue qu'après vingt-cinq années de loyaux et dévoués services; la décoration du premier degré ne peut être décernée qu'à ceux qui comptent, au moins, trente-cinq années de services publics.

Art. 7. Toute personne qui aura publiquement porté, sans l'avoir légalement obtenue, la décoration susmentionnée ou le ruban affecté à cette décoration, sera punie conformément à l'art. 1er de la loi du 6 mars 1818.

Art. 8. Les arrêtés royaux des 19 avril et 3 octobre 1849, 26 février 1860 et 28 août 1866, concernant les médailles instituées pour être décernées, à titre de récompense, aux citoyens qui se distinguent par des actes éclatants d'humanité, de dévouement et de courage, soit en cas d'accidents survenus dans les mines, soit en d'autres circonstances, ainsi que pour reconnaître les services rendus en temps d'épidémie ou d'épizootie, sont rapportés, de même que les arrêtés royaux antérieurs qu'ils rappellent, sans préjudice des droits acquis en vertu desdits arrêtés.

Ostende, 21 juillet 1867.

Léopold.

DÉCORATION AGRICOLE ET OUVRIÈRE.

Un arrêté royal du 9 mai 1863 a modifié le type des décorations accordées aux agriculteurs et aux ouvriers.

Le nouveau modèle de décoration a au centre un trophée emblématique de l'Industrie et de l'Agriculture, sur fond d'émail noir, bordé de rouge. Ce trophée est entouré d'un ruban jarretière, portant les mots : *Habileté, Moralité,* en émail bleu. Le tout est entouré par des branches de laurier, qui sont d'émail vert pour les travailleurs agricoles, et d'émail bleu pour les travailleurs industriels. La décoration est surmontée de l'écusson belge, qui est suspendu à la couronne royale. Elle se porte avec un ruban aux couleurs nationales, rouge, jaune et noir, sans que celui-ci puisse en être détaché.

La décoration de première classe est suspendue à une rosette aux mêmes couleurs. La couronne royale, l'écusson du pays et les trophées du centre sont en or.

L'ancienne décoration peut être échangée contre la nouvelle.

BIRMANS.

ORDRE DU SOLEIL D'OR.

Cet ordre existe dans l'empire des Birmans. Il est exclusivement réservé aux grands dignitaires et aux étrangers de distinction.

Les insignes sont en or, enrichis de diamants.

Le diplôme est délivré sur une feuille d'or, très-mince, et où les caractères, en langue sanscrite, sont imprimés au repoussé.

(Dict. des Ordres de Chevalerie.)

CAMBODGE.

ORDRE DU CAMBODGE.

Cette contrée de l'Asie, longtemps indépendante, était passée au dix-huitième siècle sous le joug de l'empire d'Annam. Elle reconquit son indépendance en 1858, lors de l'expédition française en Cochinchine. L'ancienne dynastie remonta sur le trône.

Le roi Norodon, souverain actuel, descendant de l'ancienne maison souveraine du Cambodge, a institué cet ordre le 8 février 1864, afin de pouvoir récompenser ceux qui ont rendu, ou qui rendraient dans l'avenir des services éminents à sa personne ou à son royaume.

L'ordre se compose de cinq classes : Grands-croix, — grands-officiers, — commandeurs, — officiers, — chevaliers.

Les grands-croix portent la décoration (pl. II, n° 6) à un large ruban rouge, liséré de vert, passé en écharpe de l'épaule droite à la hanche gauche, avec l'étoile (n° 5) attachée sur la gauche de la poitrine. Les grands-officiers portent la même croix en sautoir, autour du col, avec l'étoile à droite. Les commandeurs de la même manière, mais sans étoile. Les officiers portent la croix attachée à gauche avec une rosette. La croix des chevaliers est en argent et se porte à la boutonnière avec le ruban simple de l'ordre.

CHINE.

ORDRE DU DRAGON.

L'empereur de la Chine a institué cet ordre en 1863, en souvenir des grands services que la France lui a rendus en combattant les *Taepings*. Il a destiné cent quarante décorations, dont cent en argent, et quarante en or, aux Français qui ont pris part à l'expédition contre les rebelles.

Le bijou, suspendu à un ruban jaune, représente le Dragon impérial aux cinq griffes, avec une inscription en caractères chinois, dont voici la traduction : *Devant toi, le lion pâlit et le tigre se tait.*

Le brevet, rédigé en langue chinoise, est revêtu de la signature de l'empereur Tchoung-Tchi.

La première décoration a été envoyée à la veuve de l'amiral Protet, avec une lettre dans laquelle l'empereur relate les immenses services que l'amiral, son mari, tué le 17 mai 1862, à la prise de Nekio sur les rebelles, a rendus à la dynastie et à la civilisation.

Le colonel Gordon et d'autres officiers anglais ont également reçu des décorations. (Pl. II, n° 7.)

DANEMARK.

MÉDAILLE POUR LE DÉVOUEMENT.

Il a été frappé, en 1865, une médaille destinée à être distribuée par le roi aux dames du Schleswig qui, pendant la dernière guerre, ont rivalisé de dévouement pour recueillir et soigner les blessés de l'armée danoise. Cette médaille porte d'un côté l'effigie du monarque, et de l'autre l'inscription : *Pour services nobles*. Elle s'attache sur la poitrine, suspendue à un ruban rouge, liséré de blanc, sur lequel est figurée une croix blanche. (Planche II, n° 8.)

ESPAGNE. — ÉTATS DE L'ÉGLISE.   Pl. III.

Modèles fournis par LEMAITRE, fabr. d'Ordres français et étrangers, rue Coquillière, 40, Paris.

ESPAGNE.

ORDRE DE MÉRITE MILITAIRE.

La reine Isabelle II a institué, par décret du 8 août 1866, un ordre de *Mérite militaire*, afin de récompenser *spécialement* les services militaires rendus par les généraux, chefs, et officiers des différentes armes et services de l'armée.

Cet ordre a quatre classes. La première consiste en une croix simple à quatre branches égales, avec l'écu royal au centre. Elle est surmontée de la couronne royale. Sur la branche supérieure est une bande d'or, destinée à recevoir la date du fait d'armes pour lequel la croix a été accordée. Cette croix est émaillée rouge, quand elle est donnée pour faits de guerre, et blanche, quand elle est décernée pour d'autres services. Elle se porte sur la poitrine, suspendue à un ruban rouge, avec une bande blanche au milieu, égale au tiers de sa largeur, pour la croix rouge; les mêmes couleurs sont interverties pour la croix blanche. (Pl. III, n° 2 et n° 3.)

La deuxième classe a une plaque brillantée en argent sur laquelle est appliquée la même croix (blanche ou rouge), avec cette différence que la couronne royale, surmontant la croix, est réduite de dimension et est appliquée sur la branche supérieure de la croix, au-dessous de la bande destinée à recevoir l'inscription. De plus, les angles de la croix appliquée sur le rayon sont ornés de fleurs de lis d'or. (Pl. III n° 1.)

La troisième classe porte la même plaque, mais en or et d'une dimension supérieure, avec cette différence que les fleurs de lis qui ornent la croix appliquée sur le rayon sont en argent.

La quatrième classe, ou grande-croix, se porte avec la même plaque (de troisième classe). sauf cette différence que la bande destinée à recevoir l'inscription est en argent. De plus, la croix se suspend à un grand-cordon passé en écharpe.

ORDRE DE MÉRITE NAVAL.

Un décret royal, en date du 3 août 1866, a institué un ordre de *Mérite naval*, pour récompense *spéciale* des services rendus par les généraux, chefs, officiers, gardes-marines, et tous les divers corps de la marine.

Cet ordre comprend quatre classes. La première est accordée aux soldats de marine, sous-lieutenants, lieutenants de vaisseau et capitaines ; la deuxième, aux commandants, lieutenants-colonels, capitaines de frégate, colonels et capitaines de marine ; la troisième, aux brigadiers, chefs d'escadre, lieutenants et capitaines-généraux ; la quatrième, appelée grande-croix, est destinée aux mérites extraordinaires.

La première consiste en une croix simple à quatre branches, émaillée de blanc, et sur laquelle se trouve une ancre. Sur le bras supérieur est une bande d'or, surmontée de la couronne royale, destinée à recevoir l'inscription du fait d'armes pour lequel cette croix aura été concédée. Elle se suspend à un ruban représentant les couleurs du drapeau national. (Planche III, n° 5.)

La deuxième classe consiste en une plaque d'argent brillantée, sur laquelle est appliquée la croix. Elle se porte sur le côté gauche de la poitrine, sans autre distinction. (Pl. III, n° 4.)

La troisième classe porte la même plaque, mais en or et d'un module un peu plus grand.

Les insignes de quatrième classe consistent en un ruban de grand-cordon, porté en écharpe de droite à gauche, auquel sera appendue la croix de première classe, plus la plaque de troisième classe, avec cette différence, pour indiquer la classe supérieure, que la bande de métal, destinée à recevoir l'inscription du fait d'armes et la date de la concession, est en argent, au lieu d'être en or.

Cette décoration, comme celle de *Saint-Ferdinand*, peut s'accorder plusieurs fois : les répétitions des nominations faites dans le même grade s'indiqueront à l'aide de bandes d'or superposées sur celles existant déjà.

ORDRE DE BIENFAISANCE.

Créé par décret royal du 17 mai 1856, et définitivement rganisé le 14 février 1858, l'*Ordre royal de Beneficencia,* ou de *Bienfaisance,* se compose de trois classes.

La première a une plaque; la seconde porte la croix au cou; la troisième, sur le côté gauche de la poitrine.

Cette décoration est destinée à récompenser les actes de vertu, d'abnégation et de charité ; enfin tous les services rendus dans une épidémie, par tous individus, hommes ou femmes.

MÉDAILLE D'AFRIQUE.

Cette décoration a été instituée en 1860, pour récompenser les troupes qui ont pris part à la guerre contre le Maroc.

Y ont droit : les blessés, ceux qui ont assisté à un combat, ou qui ont été en campagne, pendant un mois au moins. (Pl. IV, n° 7.)

MÉDAILLES ET CROIX DE DISTINCTION,
DÉCORATIONS SPÉCIALES.

A la longue liste de décorations spéciales, créées par les divers pouvoirs qui ont successivement gouverné l'Espagne depuis le commencement de ce siècle, que nous avons publiée dans la première partie de cet ouvrage, nous avons à ajouter les suivantes :

MÉDAILLES.

1. — 27 décembre 1822. Décernée à ceux qui, dans la matinée du 7 juillet 1822, contribuèrent à repousser l'agression contre la liberté espagnole.

2. — 16 octobre 1823. Décernée à vingt-sept habitants de Villar de Ciervos qui, le 7 août de cette année, attaquèrent quarante cavaliers constitutionnels.

3. — 3 octobre 1834. Distribuée aux femmes qui prirent une part brillante à la défense de Vergara, le 5 septembre de cette année.

4. — 11 novembre 1836. Un décret des Cortès, du 23 mai 1823, avait accordé une médaille d'argent aux autorités civiles et militaires de Valence, et autres individus qui, les armes à la main, avaient concouru à la défense de cette ville dans le long siège qu'elle soutint contre les ennemis de la Constitution. Ce décret ne put être mis à exécution, à cause de l'invasion française. Un ordre royal du 11 novembre 1836, l'a restaurée.

5. — 13 juin 1837. En faveur des troupes espagnoles et de la légion britannique qui, sous la direction du général Lacy Evans, assistèrent à l'assaut et à la prise d'Irun, le 17 mai 1837.

6. — 31 août 1837. Distribuée aux troupes qui assistèrent à la bataille de Chiva, le 15 juillet 1837.

7. — 11 juin 1840. Pour les troupes de l'armée de Catalogne, sous les ordres du général Ant. Van Halen, pour les journées de Casa-Serra et de la Cordillère de Peracampo, du 24 au 28 avril 1838.

8. — 18 juin 1841. Décernée au petit nombre d'Espagnols qui, sous les ordres du général François Valdès, se sont emparés de la place de Tarifa, le 3 août 1824, et l'ont défendue pendant dix jours, résistant aux attaques générales de cinq mille hommes qui en faisaient le siége.

9. — 17 octobre 1841. En faveur de la garnison, de la milice nationale, et autres citoyens de Madrid qui, dans la nuit du 7 au 8 octobre 1841, ont défendu, contre des factieux, la constitution et le trône de la reine.

10. — 29 octobre 1841. Décernée aux troupes de la garnison, aux milices nationales, et autres citoyens de Pampelune qui, dans les premiers jours du mois d'octobre 1841, contribuèrent à étouffer un soulèvement local.

11. — 17 avril 1842. Décernée aux milices nationales de Cadix, pour les services rendus dans les événements de cette ville, au mois d'octobre 1841.

12. — 25 avril 1842. Décernée aux milices nationales et aux patriotes de Ségovie, qui ont défendu cette ville, envahie par une faction ennemie, le 4 août 1837.

13. — Sans date. Décernée aux troupes de l'armée et de la légion anglaise, qui remportèrent la victoire du 5 mai 1836, devant Saint-Sébastien.

CROIX DE DISTINCTION.

1. — 2 juillet 1817. Cette croix fut distribuée aux troupes qui, sous les ordres du général comte de l'Abisbal, attaquèrent, le 13 septembre 1810, les villes d'Abisbal, San-Felice et Palamos.

2. — 1er octobre 1817. Distribuée aux deux compagnies de sapeurs qui, cantonnés à Alcala de Henarès, refusèrent, après les événements de Madrid (1808), de servir le gouvernement napoléonien, et, emportant le drapeau du 1er bataillon, la caisse et quantité d'armes et de munitions, se dirigèrent sur la Sierra de Cuença.

3. — 2 novembre 1818. Pour les membres des juntes principales des provinces.

4. — 2 mai 1821. Pour récompenser le zèle et la constance de la brave garnison de Rosas et du château de la Trinité, dans sa défense des 7, 12 et 23 novembre 1808.

5. — 2 septembre 1823. Accordée aux officiers et soldats de l'armée française, et autres, qui aidèrent à sauver le duc d'Angoulême, lors de l'incendie qui consuma le couvent du Saint-Esprit à Madrid, le 20 juillet 1823.

6. — 9 août 1824. Pour la fidélité militaire. Décernée aux royalistes qui ont combattu la constitution, du 7 mars 1820 au mois de mai 1823.

7. — 17 mai 1829. En récompense des services rendus à l'humanité souffrante, à Manille, durant l'époque du choléra. Décernée à Charles-Louis Bénoit, chirurgien du bataillon de véterans. La même croix a été accordée également à d'autres personnes pendant différentes épidémies.

8. — 6 juillet 1835. Créée en faveur des braves qui concoururent à l'énergique défense de Bilbao, pendant le premier siège. Elle est d'argent pour les soldats, d'or pour les officiers.

9. — 13 septembre 1835. Pour l'armée qui, sous les ordres du général Cordova, gagna, le 16 juillet, la bataille de Mendigorria.

10. — 23 juin. 1836. Pour les volontaires de la milice nationale qui, en 1823, accompagnèrent jusqu'à Cadix le gouvernement constitutionnel.

11. — 14 juillet 1836. Accordée aux miliciens nationaux qui, en 1823, abandonnèrent leurs foyers pour se joindre à l'armée dans les places de guerre, et y défendre le gouvernement constitutionnel.

12. — 3 janvier 1837. Créée sur deux modèles légèrement différents, l'un pour les défenseurs de Bilbao, dans le troisième siège que la ville soutint contre les carlistes, en 1836, l'autre pour ses libérateurs de l'armée d'opération et de réserve, sous les ordres d'Espartero, ainsi que pour la marine espagnole et la marine britannique.

De plus, la ville de Bilbao y gagna d'ajouter le titre d'*Invincible* à ceux qu'elle possédait déjà de *Très-noble et très-loyale*. La municipalité, en corps, reçut le titre d'*Excellence*, et ses membres, celui de *Seigneurie*.

Le général Espartero y gagna le titre de *comte de Luchana*.

13. — 14 février 1837. Pour les troupes de l'armée du centre qui, sous les ordres du général Évariste San-Miguel, se trouvèrent au siége de Cantavieja, le 11 octobre 1836.

14. — 20 février 1838. Décernée aux militaires, milice nationale et autres patriotes qui contribuèrent à l'heureux résultat de l'affaire de Vargas, 3 novembre 1833.

15. — 16 avril 1838. Accordée aux individus qui ont défendu la ville de Saragosse, dans la matinée du 5 mars 1838.

16. — 20 juillet 1838. Pour les troupes qui, le 20 juin, ont pris d'assaut le château qui protégeait la ville de Penacerrada.

17. — 20 août 1838. Pour les troupes qui, sous le commandement du général, baron de Meer, concoururent au siége et à la prise de Solsona, du 21 au 27 juillet 1838.

18. — 20 mars 1838. Pour les troupes qui poursuivirent les factions de Basilio, de Tallada y Palillos, les combattirent à Baeza et Ubeda, et les détruisirent à Castril, du 25 au 27 février 1838.

19. — 8 juillet 1840. Distribuée aux troupes qui assistèrent aux importantes opérations qui précédèrent le siége et la prise du château de Morella (19 au 30 mai 1840).

20. — 30 novembre 1840. Pour les milices nationales de Valence, qui concoururent à l'action de Chiva.

21. — 5 mars 1841. Pour les troupes de Valence qui, le 2 décembre 1838, concoururent à l'action de Cheste.

La même croix, avec de légères variantes, a été distribuée aux troupes qui assistèrent à la journée d'Iniesta (6 décembre 1838).

22. — 29 juillet 1841. En faveur des Espagnols qui, durant la dernière époque de l'absolutisme, persévérant dans leurs principes, ont accepté d'énormes sacrifices et ont exposé leur vie et leurs intérêts, en vue de rétablir le gouvernement représentatif.

23. — 12 août 1841. Décernée aux conseillers de la municipalité constitutionnelle de Madrid, aux membres de la députation provinciale, aux miliciens nationaux et à tous les citoyens qui ont pris part au pronunciamento du 1er septembre 1840.

24. — 24 octobre 1841. Pour récompenser la conduite loyale des troupes, lors des événements qui ont eu lieu dans les provinces de Biscaye et Alava, et le patriotisme des miliciens qui conservèrent la place de Saint-Sébastien.

Un décret du 27 du même mois étendit le port de cette croix aux troupes, aux milices nationales de Saint-Sébastien, et autres militaires et patriotes qui contribuèrent à étouffer la rébellion dans ces provinces.

Même faveur a été accordée, le 14 novembre suivant, aux troupes de la Vieille-Castille, qui ont marché contre le soulèvement.

Finalement, le 15 novembre, on reconnut le même droit aux corps de milices de l'Aragon, qui prirent part à ces mouvements. Il n'y a de différence que dans l'inscription.

25. — 3 décembre 1841. En faveur des deux bataillons de la milice nationale mobilisée, de la province de Madrid, pour leur service actif en 1836.

Le 5, la même décoration fut appliquée aux milices nationales mobilisées des provinces de Cordoue, Huelva, Cadix et Séville, et le 17 du même mois, à toutes les milices nationales mobilisées.

26. — 15 avril 1842. Affectée à la compagnie de chasseurs du second bataillon de la milice nationale de Saragosse, pour leurs services, lors de la poursuite d'Evaristo et de Cabrera.

27. — 5 septembre 1842. Décernée aux vaillantes troupes de l'armée, et aux milices

nationales de Barcelone qui, au mois de janvier 1836, ont concouru au siége et à la prise du fort de Santa-Maria del Hort.

28. — 17 octobre 1842. Pour les individus qui, en 1833, ont mieux aimé devenir prisonniers de la France que d'adhérer à la cause de l'absolutisme.

29. — 18 octobre 1842. Aux milices nationales de Madrid qui, le 24 janvier 1823, sous les ordres de l'*Empecinado* (Juan Martin Diez), attaquèrent les factions de Bessières et d'El Royo, dans les plaines de Caspuenas et de Brihuega.

30. — 29 décembre 1842. Aux alcades de la banlieue de Madrid, et à leurs suppléants, pour le zèle et l'activité qu'ils déployèrent, en 1840 et 1841, dans les circonstances politiques extraordinaires de cette époque.

31. — 4 août 1843. Aux villes de Sallent, Porrera, Santa-Coloma de Queralt et de Cuenca, pour l'héroïque défense qu'elles ont soutenue, en 1822 et 1823, contre les ennemis de la constitution.

32. — Sans date. Pour les troupes de l'armée qui, le 12 juin 1837, mirent en déroute la faction ennemie, commandée par don Carlos, dans les champs de Gra.

33. — Sans date. Pour les troupes qui obtinrent la soumission du château et des forts de Tales (14 août 1839), contre la faction ennemie, commandée par Cabrera.

34. — Sans date. En souvenir de la brillante action du 15 juin 1840, où sept bataillons et neuf escadrons ennemis furent battus et dispersés, sur les hauteurs de Olmedillas, par le maréchal de camp Manuel de la Concha.

35. — 15 août 1851. Pour les militaires de l'armée des Philippines; *écu* pour les habitants qui assistèrent à la prise de Jolo et de ses forts.

DÉCORATIONS SPÉCIALES.

1. — 1ᵉʳ avril 1824. Écu de distinction, décerné au parti de cavalerie de Lusitanie, qui battit, sur le chemin de Ventosilla, une bande de factieux, conspirant contre le système constitutionnel.

2. — 25 août 1841. Plaque de distinction, accordée au petit nombre de vaillants patriotes qui, en 1824, à Almeria, tentèrent l'entreprise de restaurer la liberté nationale.

3. — 15 février 1841. Plaque de distinction, en faveur de ceux de la milice nationale qui, en 1823, se transportèrent à Cadix et soutinrent le siége contre les Français.

4. — 2 mars 1841. Plaque de distinction, remise à toutes les milices nationales qui, en 1823, abandonnèrent leurs foyers, entrèrent dans l'armée constitutionnelle et se transportèrent dans les places fortes et autres points susceptibles de défense, soutenant jusqu'à la fin la cause de la liberté.

5. — 14 mai 1841. Plaque de distinction, décernée à tous ceux qui, en 1830 et années suivantes, ont pénétré dans la Péninsule, en vue de restaurer le gouvernement constitutionnel.

ÉTATS DE L'ÉGLISE.

ORDRE DE PIE.

Des modifications ont été apportées à cet ordre par un bref du Pape, en date du 11 novembre 1856 ainsi conçu :

Pius, PP. IX.

Au commencement de notre pontificat, dirigeant notre pensée au but d'enflammer les esprits à de belles actions et à bien mériter du Siége apostolique, nous avons, par des lettres expédiées sous l'anneau du pêcheur, le 17 juin 1847, créé et institué un ordre de chevalerie, nommé *de Pie*, et nous l'avons divisé en deux classes : la première, distinguée par la décoration portée en sautoir, la seconde, par la décoration attachée au côté gauche de l'habit. Nous avons aussi déclaré que les chevaliers de la première classe pourraient obtenir le privilége de porter une plaque au côté gauche de l'habit.

Par d'autres lettres apostoliques, données à Gaëte, le 17 juin 1849, nous avons autorisé tous les chevaliers de la première classe à porter la plaque et, en outre, à suspendre la décoration à un ruban passé en écharpe de droite à gauche.

Actuellement, nous avons jugé convenable d'ajouter à l'ordre un nouvel éclat, et d'en augmenter les grades, afin de nous donner, à nous et à nos successeurs, de nouveaux moyens de récompenser la vertu et les belles actions. En conséquence, de notre propre mouvement, de notre pleine autorité, nous décrétons par les présentes et nous statuons que dorénavant l'*Ordre de Pie* aura trois grades, à savoir : les chevaliers de première classe, les chevaliers de deuxième classe ou commandeurs, les chevaliers de troisième classe.

Les premiers porteront l'insigne et la plaque, ainsi qu'il est prescrit dans nos lettres du 17 juin 1849.

Les commandeurs porteront le bijou en sautoir.

Les chevaliers de troisième classe attacheront la décoration, d'un moindre module, au côté gauche de l'habit.

Un bref du 24 juin 1849 range parmi les chevaliers de *Pie* les camériers secrets ou honoraires, et autres employés du palais d'un rang égal, qui brillent par la naissance et les mérites de la vertu, et qui se sont acquittés de leurs devoirs pendant un intervalle dont la mesure est laissée à la discrétion des papes.

DÉCORATION DE MÉRITE.

Le pape Pie IX, voulant donner aux milices pontificales une preuve éclatante de sa souveraine satisfaction pour l'appui zélé qu'elles portent au bien du service public, et ajouter un nouveau motif d'encouragement à leurs actes de mérite, le conseil des ministres entendu, a daigné décider, en 1856, l'institution de dix décorations chevaleresques, avec pension annuelle de 50 écus, et de cinquante-cinq médailles spéciales de *Mérite*, dont trente-cinq avec pension annuelle de 30 écus,

De ces récompenses honorifiques, la première est destinée aux officiers ; les autres aux sous-officiers et soldats qui se distingueraient par des actions d'une importance reconnue par le gouvernement.

Les officiers gardent la pension jusqu'à ce qu'ils obtiennent un avancement en grade, avec une augmentation de solde, supérieure à la pension ; les sous-officiers et soldats, jusqu'à leur promotion au rang d'officier.

Pour relever la distinction de ces médailles, le Saint-Père a daigné leur assigner un coin spécial. Elles portent d'un côté l'effigie du S. P., et de l'autre l'inscription : *Benemerenti*, au centre d'une couronne de chêne et de laurier, surmontée d'emblèmes guerriers. (Pl. III, n° 6.)

MÉDAILLE DE CASTELFIDARDO.

Cette décoration, dont les insignes sont représentés planche III, n° 7, a été créée le 12 novembre 1860 par un décret du Saint-Père, contre-signé par le cardinal della Genga. En voici la teneur :

Pius, PP. IX.

Ad perpetuam rei memoriam.

Arbitre et modérateur, Dieu, disposant toutes choses avec force et douceur, a, non sans une vue admirable de sa providence, fait que le Saint-Siége jouît d'une domination temporelle : afin que les successeurs du bienheureux Pierre, prince des Apôtres, qui s'assiéraient sur le même siége, et seraient appelés à diriger, suivant leurs devoirs et leurs fonctions, l'Église universelle, et, du haut de cette citadelle de la religion, promulguer au loin à toutes les nations les préceptes de la foi, ne fussent soumis à aucune puissance civile et accomplissent sans entrave et en toute liberté ce rôle de leur divin ministère, pour le salut des hommes. Cette vue a été parfaitement comprise par les adroits ennemis du nom catholique. Aussi se sont-ils évertués à attaquer par des artifices perfides et par la force ouverte, le principat du S. P., dans l'intention de s'ouvrir une voie plus facile au renversement de la religion catholique. Aussitôt que ce plan criminel se fut manifesté, il s'est allumé, chez tous les catholiques du monde, une ardeur incroyable de protéger les droits du Saint-Siége, et, non-seulement les hommes d'une condition inférieure, mais de la race la plus noble, méprisant toutes les incommodités et tous les dangers, joyeux et ardents, sont accourus de toute part s'enrôler dans nos milices, afin de repousser des frontières de la domination pontificale l'agression et la fureur des ennemis. En peu de temps, dressée par un général d'un renom illustre, notre armée, encore que faible par le nombre, était pourtant si disposée à faire son devoir, que l'ennemi subalpin qui, avec une puissance de troupes de beaucoup plus importante, menaçait nos provinces et convoitait avidement cette proie, jugea qu'il ne pouvait espérer d'heureux succès, si contre la justice et le droit de la guerre, sans déclaration préalable, il n'entrait pas dans nos États par une invasion soudaine. Or, dans ce choc inattendu des hordes envahissantes, les soldats catholiques ont amplement prouvé ce que peut la vraie foi et la religion dans les cœurs des hommes : car, la bataille étant engagée, ils ont combattu avec tant d'ardeur et de bravoure qu'ils ont laissé à l'ennemi une victoire sanglante, et l'on peut dire qu'ils ont été plutôt accablés par le nombre que par la valeur, et que leur gloire a prévalu.

Afin de propager à la postérité cette action illustre, nous avons fait frapper une médaille en airain argenté, qui, de face, en mémoire du prince des Apôtres, porte une croix renversée, autour de laquelle s'enroule un serpent, symbole de l'éternité, avec cette inscription : Pro Petri sede, Pio IX, Pont. Max. Anno xv; et au revers ces mots : *Victoria quæ vincit mundum fides nostra*. Et pour donner à nos soldats le prix de leur fidélité éprouvée, nous leur avons accordé de porter cette médaille au côté gauche de la poitrine, suspendue à un ruban de soie, blanc, jaune et rouge. (Pl, III, n° 8.)

Quant à ceux des soldats qui, en défendant les droits du Saint-Siége, ont signalé particulièrement leur courage, nous leur accordons de porter la même médaille en or.

Maintenant, pour honorer d'un éloge solennel la vertu de tous ceux qui ont soutenu notre principat temporel et celui de l'Église romaine, et ceux surtout qui, combattant bravement, ont succombé à une mort glorieuse, nous décrétons publiquement qu'ils ont bien mérité du Siége apostolique, bien mérité de la société de tous les hommes, laquelle ne peut subsister sans l'observance du droit et de la foi, qui renferme le véritable honneur et la vraie propre gloire des batailles, digne de l'immortalité.

CROIX DE MENTANA.

Cette décoration a été instituée en 1867, par le pape, afin de donner un signe honorifique particulier à toutes les troupes pontificales qui ont concouru à repousser l'invasion garibaldienne, ainsi qu'aux troupes françaises qui ont pris part au combat de Mentana. La valeur avec laquelle ces braves soldats ont contribué à la défense de la plus sainte des causes recevra la plus enviée et la plus grande des récompenses, c'est-à-dire, le glorieux souvenir de la gratitude de l'auguste Pie IX, le roi-pontife, qu'ils ont défendu.

La croix de Mentana, distribuée à nombre d'officiers français et pontificaux, est de forme grecque. Elle porte d'un côté, au centre, un écusson orné de la tiare et des clefs, avec les mots : *Fidei et Virtuti*. De l'autre côté, un écusson semblable représente une croix latine, au-dessous de deux palmes entrelacées, avec cette inscription : *Hinc Victoria*. Sur les branches : le nom de Pie IX. (Pl. III, n° 7.)

FRANCE.

MÉDAILLE DE SAINTE-HÉLÈNE.

Un décret de l'empereur Napoléon III, en date du 12 août 1857, a institué une médaille commémorative pour tous les militaires français et étrangers, des armées de terre et de mer, qui ont combattu sous les drapeaux de la France, de 1792 à 1815.

Cette médaille est en bronze; elle représente d'un côté l'effigie de Napoléon Ier, et de l'autre elle porte cette légende : *Campagnes de 1792 à 1815. — A ses compagnons de gloire, sa dernière pensée.* Elle se porte à la boutonnière gauche, suspendue à un ruban rayé de vert et de rouge. (Planche IV, n° 1.)

MÉDAILLE DE CRIMÉE.

Un décret de l'empereur, en date du 26 avril 1856, autorise le port de la médaille décernée par la reine d'Angleterre aux militaires de tout grade qui ont fait partie de l'expédition de Crimée.

La médaille devra toujours être portée conforme au modèle officiel, lorsqu'on est en uniforme.

Les officiers supérieurs n'ont aucun droit de chancellerie à payer.

Un décret du 10 juin 1857 rend ces dispositions applicables aux militaires français décorés de la médaille anglaise, en souvenir de l'expédition de la Baltique, et des médailles de la *Valeur militaire*, distribuées par le roi d'Italie. (Voir *Grande-Bretagne* et *Italie*.)

MÉDAILLE D'ITALIE.

Un décret du 11 août 1859 crée une médaille commémorative de la campagne d'Italie, pour toutes les troupes qui y ont participé.

Cette médaille est en argent et du module de vingt-sept millimètres.

Elle porte d'un côté l'effigie du souverain, avec ces mots en légende : Napoléon III, empereur, — et de l'autre côté : *Montebello, Marignan, Palestro, Turbigo, Magenta, Solferino*, et, en légende, les mots : *Campagne d'Italie*, 1859.

Encadrée d'une couronne de lauriers, formant relief des deux côtés, elle est attachée par un ruban rayé rouge et blanc, sur le côté gauche de la poitrine. (Pl. IV, n° 2.)

MÉDAILLE DE CHINE.

Un décret impérial du 23 janvier 1861 crée une médaille commémorative de la campagne de Chine en 1860.

Cette médaille est en argent, du module de trente millimètres. Elle porte d'un côté l'effigie de l'empereur, avec les mots : Napoléon III, empereur, et de l'autre côté, en légende : *Expédition de Chine*, 1860, et, en inscription, les noms : *Ta-kou, Chang-Kia, Wang, Palikiao, Peking*, entourés d'une couronne de laurier. Elle se porte sur le côté gauche de la poitrine, attachée à un ruban jaune, dans lequel est tissé en bleu, en caractères chinois, le nom de la ville de Peking. (Pl. IV, n° 3.)

MÉDAILLE DU MEXIQUE.

Un décret impérial du 29 août 1863 crée une médaille commémorative de l'expédition du Mexique en 1862 et 1863. Elle est en argent, encadrée d'une couronne de laurier, et du même module que celles d'Italie et de Chine. Elle porte, d'un côté, l'effigie de l'empereur, avec les mots : Napoléon III, empereur, et de l'autre, *Cumbres, Cerro-Borrego, San-Lorenzo, Puebla, Mexico*. (Pl. IV, n° 4.)

Les décorés la suspendent sur le côté gauche de la poitrine, par un ruban blanc, dans lequel est tissue l'Aigle mexicaine tenant dans son bec un serpent vert, le tout placé sur un sautoir rouge et vert.

Les dispositions des décrets du 16 mars et du 24 novembre 1852, sur la discipline des membres de la Légion d'honneur et des décorés de la médaille militaire, sont applicables à toutes les médailles. Les ministres de la guerre et de la marine sont autorisés à prononcer, par mesure disciplinaire, contre tous les militaires en activité de service, pendant un temps qui ne peut excéder deux mois, la suspension du port des insignes; et ces ministres sont autorisés à déléguer cette faculté aux généraux en chef, aux commandants des divisions militaires en activité des armées de terre, aux préfets maritimes et aux commandants des forces navales.

MÉDAILLES

POUR ACTES DE COURAGE ET DE DÉVOUEMENT.

Les récompenses pour faits de courage et de dévouement sont honorifiques ou pécuniaires. Les récompenses honorifiques consistent en médailles d'or ou d'argent, à l'effigie du souverain, suspendues à la boutonnière par un ruban aux couleurs nationales. Elles sont divisées chacune en deux classes, la première, du module de cinquante millimètres, la deuxième, du module de trente-six.

En général, la médaille d'argent de première classe n'est accordée qu'aux personnes ayant déjà reçu celle de la seconde, ou qui se seraient déjà distinguées par un acte de courageux dévouement.

La médaille d'or de deuxième classe n'est accordée qu'avec une réserve extrême, et lorsqu'on a déjà obtenu une ou plusieurs médailles d'argent. Celle de première classe est décernée comme témoignage éclatant de reconnaissance publique pour des actes renouvelés de courageuse abnégation et de dévouement.

Il est interdit de porter le ruban sans la médaille.

Si les actes signalés ne sont pas suffisamment caractérisés pour mériter une plus haute distinction; si les auteurs des actes de courage n'ont pas assez d'aisance pour préférer une médaille, le préfet donne l'option, et si l'on préfère la récompense pécuniaire, il autoris la gratification.

Aux termes d'une ordonnance du 10 juillet 1816, il ne peut être décerné de récompense publique sans autorisation préalable du souverain. En conséquence, les médailles que des sociétés de sauveteurs ou des compagnies d'assurance distribuent ne peuvent être portées d'une manière ostensible. Le port de toutes médailles, autres que celles délivrées par le gouvernement, expose à des poursuites judiciaires.

PALMES UNIVERSITAIRES.

Le 7 avril 1866, l'empereur Napoléon III, sur la proposition de M. Duruy, ministre de l'Instruction publique, a rendu un décret qui crée un signe distinctif, qui pourra être accordé, non seulement aux membres de l'Université et aux instituteurs des différents degrés, mais aussi aux personnes qui auraient bien mérité de l'instruction publique, soit par leur participation aux travaux des divers conseils et commissions établies près des lycées, des collèges et des écoles normales (conseils de perfectionnement et de patronage, bureau d'administration, commissions administratives); soit par le concours efficace qu'elles auraient prêté au développement de l'enseignement à tous les degrés et sous toutes les formes; enfin aux littérateurs et aux savants recommandés par leurs succès dans les cours libres, ou par des ouvrages intéressant l'instruction publique.

Cette décoration a la forme d'une double palme, d'or pour la première classe, d'argent pour la seconde. Elle se porte sur la gauche de la poitrine, suspendue à un ruban moiré violet. Les décorés de la première classe y ajoutent une rosette. (Pl. IV, n°s 5 et 6.)

Une note officielle, publiée dans le *Bulletin de l'Instruction publique* et reproduite par le *Moniteur* du 20 septembre 1866, interdit le port du ruban détaché de la décoration.

GRANDE-BRETAGNE. — HANOVRE.

Pn. V.

Modèles fournis par LEMAITRE, fabr. d'Ordres français et étrangers, rue Coquillière, 40, Paris.

GRANDE-BRETAGNE.

ÉTOILE DE L'INDE.

Désireuse de donner aux princes, chefs et sujets de son empire indien un témoignage public de l'intérêt qu'elle leur voue, la reine Victoria a institué ce nouvel ordre, en 1861.

La grande-maîtrise souveraine est réservée à la Couronne; la grande-maîtrise au Gouverneur général de l'Inde. Le nombre des chevaliers est limité à vingt-cinq. Le souverain et le prince de Galles sont en dehors de ce nombre.

Le bijou est une étoile à cinq pointes, rayonnée, enserrée dans un ruban métallique émaillé de bleu, sur lequel est inscrit en lettres de diamant la devise : *Heaven's light our guide.* Autour du ruban s'échappent des rayons ou flammes qui donnent à la plaque la grandeur convenable. (Pl. V, n° 1.)

La richesse du bijou donne une idée du prix qu'on attache à cette décoration.

Le collier est formé de lotus (la fleur sacrée de l'Inde) et de roses (la fleur héraldique de l'Angleterre), alternativement placés et reliés par des palmes en sautoir, emblème de paix et de concorde. Il est émaillé de diverses couleurs et d'une richesse orientale. Au centre, la couronne impériale de la Grande-Bretagne, à laquelle pend un médaillon oval, contenant le portrait de la reine, en camée. Autour du portrait, la devise en lettres d'or sur émail bleu. Le collier est réservé pour les grands jours; ordinairement on ne porte que l'étoile, et le médaillon suspendu à un large ruban bleu liséré de blanc.

MÉDAILLE DE L'INDE.

Cette médaille a été instituée pour récompenser la valeur des troupes anglaises qui ont combattu la sédition de 1847, dans l'Inde anglaise.

Elle est en argent et à l'effigie de la reine. A l'avers, elle montre une Victoire couronnant le Lion britannique, avec la date 1847-1848.

Elle s'attache sur la gauche de la poitrine à un ruban blanc, rayé de deux lignes rouges, passé dans une boucle d'argent, et surmontée de brochettes portant les inscriptions suivantes : *Delhi, Defense of Lucknow, Relief of Lucknow, Lucknow, Central India.* (Pl. V, n° 2.)

CROIX DE VICTORIA.

Cette décoration a été instituée le 29 janvier 1856, par le décret suivant contre-signé par lord Panmure :

Victoria, R.

Attendu qu'ayant pris en considération qu'il n'existe aucun moyen de donner une juste récompense aux vaillants services, soit des officiers inférieurs de la flotte et de l'armée, soit des bas-officiers, et à brevet, des matelots et soldats de marine, des officiers non-commissionnés, et des soldats de notre armée ;

Attendu que la troisième classe de notre très-honorable *Ordre du Bain* est limitée, sauf des cas très-rares, aux grades supérieurs dans les deux services ; que la distribution de médailles, dans notre marine ou notre armée, est réservée à l'ancienneté de services ou à une conduite méritoire, plutôt qu'aux actes de bravoure ou d'éclat devant l'ennemi, sauf le cas d'une médaille générale pour une action spéciale ou une campagne, ou la collation d'une boucle ajoutée à la médaille pour un engagement spécial, et qu'alors la distinction ne désigne point ceux qui se sont, par leur valeur, distingués entre leurs camarades ;

Nous, en vue d'atteindre une fin si désirable que celle de récompenser les actes individuels de mérite et de bravoure, avons institué et créé une nouvelle décoration navale et militaire, que nous désirons voir hautement prisée et avidement recherchée par les officiers et les hommes de notre service de terre et de mer.

Cette décoration portera le titre de *Croix de Victoria*, et consistera en une croix de Malte, en bronze, portant au centre le cimier de nos armes, et en dessous un listel portant l'inscription : *Pour Valeur*.

La croix sera attachée au côté gauche par un ruban bleu pour la marine, rouge pour l'armée. (Pl. V, n° 3.)

Les noms des décorés seront publiés dans la *Gazette de Londres*.

Quiconque, ayant déjà reçu la croix, se signalera par un acte de bravoure qui l'en rendra digne, pourra joindre une broche au ruban, et pour tout nouvel acte de bravoure, une nouvelle broche sera ajoutée.

La croix ne sera conférée qu'à ceux qui auront servi en présence de l'ennemi, et se seront signalés par un acte de bravoure et de dévouement à la patrie.

Afin d'établir une parfaite égalité quant aux titres à la décoration, ni le rang, ni l'ancienneté de service, ni les blessures, ni aucune autre circonstance ou condition quelconque, sauf le mérite d'une bravoure remarquable, ne donnera lieu à cette distinction.

La décoration pourra être conférée sur place, là où sera accompli l'acte qui mérite la décoration, par les officiers généraux de terre ou de mer, sous les yeux desquels il s'est passé. Quand le chef n'aura pas été témoin, alors celui qui prétend à cet honneur devra faire preuve à la satisfaction de son commandant, qui, après approbation, appuiera sa demande auprès du commandant en chef.

Tout individu désigné pour la croix, en vertu de la disposition précédente, la recevra publiquement, en présence de la force navale ou militaire, et du corps auquel il appartient et avec lequel l'acte récompensé a été accompli. Son nom sera porté à l'ordre du jour.

Tout décoré aura droit, à dater du jour de sa nomination, à une pension annuelle de dix livres sterling, et chaque nouveau chevron lui vaudra un supplément annuel de cinq livres.

v.

MÉDAILLE DE CHINE.

Cette médaille a été instituée en 1843, pour récompenser les troupes qui ont fait partie de l'expédition de Chine, en 1842.

Elle porte, d'un côté, l'effigie de la reine Victoria, et de l'autre, les armoiries d'Angleterre, posées sur un trophée d'armes, ombragé par un palmier, et portant en légende les mots : *China. — 1842.— Armis Exposcere Pacem.* (Pl. V, n° 4.)

MÉDAILLE DU SERVICE MILITAIRE.

Une ordonnance du 19 décembre 1845 a institué diverses récompenses pécuniaires en faveur des services méritoires et de la bonne conduite, parmi les sous-officiers et soldats.

Les sergents ont en même temps le droit de porter une médaille d'argent portant, d'un côté, l'effigie de la reine, et de l'autre, les mots : *Pour service méritoire*, le nom et le régiment ainsi que la date de la collation.

Les soldats, à l'époque de leur congé, qui sont désignés pour la récompense pécuniaire, auront le droit de porter une médaille d'argent ayant, d'un côté, les mots : *Pour long service et bonne conduite*, et de l'autre, en relief, les armes du royaume avec le nom du soldat.

MÉDAILLE DE CRIMÉE.

Afin de récompenser la conduite brave et distinguée de l'armée sous les ordres du général lord Raglan, une ordonnance royale, du 4 décembre 1854, permet d'accorder à un sergent de chaque régiment de cavalerie et d'infanterie, de chaque bataillon de gardes à pied et de la brigade de carabiniers, une gratification annuelle de vingt livres.

La même ordonnance autorise le commandant de chaque régiment à désigner un sergent, deux caporaux et quatre soldats; le commandant de chaque régiment d'infanterie, de chaque bataillon des gardes à pied et de la brigade des carabiniers, à désigner un sergent, quatre caporaux et dix soldats, pour recevoir une médaille et une gratification.

Cette gratification est de 15 L. st. pour le sergent, de dix pour le caporal et de cinq pour le soldat. Elle doit être déposée à la caisse d'épargne du régiment, pour être remise au titulaire à l'époque du congé définitif.

Une médaille a été également accordée aux marins qui, pendant la guerre de Crimée, ont fait partie de l'expédition dans la Baltique. Elle ne diffère que par l'inscription de la précédente. (Pl. IV, n° 8.)

MÉDAILLE D'ALBERT.

La reine a fondé, en 1866, une nouvelle décoration qui porte le nom d'*Albert Medal*. Elle est réservée aux personnes qui auront, au péril de leurs jours, sauvé des naufragés ou se seront distinguées dans des sinistres maritimes. Ce n'est pas une médaille de sauvetage, car les statuts de cet ordre montrent l'importance et le prestige que S. M. a voulu lui donner.

La nouvelle décoration est une médaille ovale en émail, d'un bleu foncé, avec un monogramme composé des lettres *V* et *A* entrelacées. Autour d'une ancre en or, on lit l'exergue suivant : *For Gallantry in saving life at sea* (A la bravoure déployée dans un sauvetage en mer). Au-dessus de l'ancre se trouve la couronne du prince-époux. Elle est suspendue à un ruban bleu foncé, avec des raies blanches longitudinales, et se porte sur le côté gauche de la poitrine.

Lorsqu'un décoré accomplira un nouvel acte qui lui aurait fait obtenir la décoration, s'il ne l'avait déjà, il ajoutera un chevron au ruban, et ainsi de suite pour chaque nouveau sauvetage.

Toute personne décorée qui commettra une action déshonorante sera rayée de la liste où seront inscrits tous les braves qui portent l'*Albert Medal*, et la décoration lui sera enlevée. La reine se réserve toutefois le droit de réintégration.

HANOVRE.

ORDRE DE SAINT-GEORGES.

Dans la première partie de cet ouvrage, nous avons donné le dessin des insignes de cet ordre, mais nous n'avions pu en faire connaître alors les statuts qui n'étaient pas encore publiés. Nous comblons aujourd'hui cette lacune.

Ernest-Auguste, etc.

Afin de récompenser les services éminents rendus à notre personne et à notre royaume, et donner un témoignage tout spécial de notre grâce et de notre affection royale, nous avons résolu la création d'un nouvel ordre que, par les présentes, nous déclarons l'ordre domestique de notre couronne de Hanovre; et, en conséquence, nous avons arrêté les articles suivants :

I. Le nouvel ordre, par nous créé, portera le titre d'*Ordre de Saint-Georges*.

II. La grande-maîtrise, attachée à notre personne et à celle de nos successeurs dans le royaume, sera inséparable de la couronne de Hanovre, et ne pourra jamais, pour aucun motif, en être détachée.

III. L'ordre se compose d'une seule classe dont les membres portent le titre de *Chevaliers de Saint-Georges*.

IV. Les fils et les frères du roi, en vertu de leur naissance, sont chevaliers de Saint-Georges. Tout prince de la maison royale, après sa confirmation, a le droit de solliciter son admission dans l'ordre.

V. Outre les princes de la maison royale, les nationaux, chevaliers de Saint-Georges, ne peuvent, sans des motifs prépondérants, dépasser le nombre de seize.

VI. L'admission dans l'ordre dépend uniquement de nous, ou de nos successeurs Grands-maîtres. Elle est une marque toute particulière de la faveur, de la satisfaction et de l'affection royale. Il n'est, en conséquence, permis à personne de la solliciter, sauf les princes de la maison royale.

VII. Pour les personnes qui ne sont pas attachées à notre Cour, leur nomination leur est annoncée par un diplôme revêtu de notre seing ou de celui de notre successeur au trône, avec le contre-seing du président de la commission des Ordres.

VIII. A l'exception des princes, nul ne sera admis dans l'ordre avant l'âge de trente ans.

IX. N'y seront admis que les individus de race noble, dont la vie, la conduite et la réputation sont sans tache ; ou les personnes, en tant qu'il s'agit de sujets de notre royaume, qui ont bien mérité de notre couronne, du pays et de leurs concitoyens, dans la carrière militaire ou civile, qui nous ont donné des preuves de leur fidélité, à nous et à notre maison royale, et ont déjà obtenu le grand-cordon de notre *Ordre des Guelfes*.

X. Les insignes de l'ordre consistent en une croix, émaillée bleu foncé, à huit pointes, sommée de la couronne royale. Au milieu, d'un côté, le chevalier saint Georges perçant de sa lance le dragon, et de l'autre, le chiffre royal. Cette croix est attachée à un ruban moiré, rouge foncé, large de quatre pouces et demi, passé de l'épaule droite à la hanche gauche. Plus, une étoile d'argent, brodée au côté gauche de l'habit. Dans le centre de l'étoile est saint Georges, à cheval, avec la devise : *Nunquam retrorsum.*

Les chevaliers de Saint-Georges joindront à leurs insignes la croix des *Guelphes,* passée en sautoir au col.

XI. Les chevaliers auront, hors de leurs relations de service, la préséance sur les personnes de même rang, qui ne sont pas membres de l'ordre.

XII. Ils auront, au moins, le rang de lieutenant général, et dans tous les actes qui leur seront adressés par nous ou nos successeurs, ils recevront le titre de Chevalier de Saint-Georges, et la même règle sera constamment observée par toutes les administrations du royaume.

XIII. Les chevaliers auront le droit d'orner leurs armoiries ou leurs cachets des insignes de l'ordre. Ils figureront au centre de l'étoile dans un cercle rouge foncé, chargé de la devise et l'étoile sera entourée du collier auquel pend la croix.

XIV. Celui de nos sujets qui est admis dans l'ordre est tenu, en uniforme, d'en porter toujours les insignes. Il ne lui est pas permis d'en porter le signe à la boutonnière.

XV. Si, contre toute attente, un chevalier de Saint-Georges se conduit d'une façon déshonorante, ou se rend coupable d'un grave méfait, ou viole la fidélité qu'il nous doit, il sera tenu pour indigne d'appartenir à l'ordre. Mais son exclusion ne sera prononcée que par nous ou nos successeurs. Avant cette radiation, on ne peut lui infliger aucune peine afflictive ou infamante.

XVI. Après le décès d'un chevalier, les insignes doivent, dans les trois mois, être renvoyés à la commission des Ordres. Cependant le brevet demeurera dans la possession de la famille.

Hanovre, 23 avril, 1839.

E.-A.

ORDRE D'ERNEST-AUGUSTE.

Le 15 décembre 1865, à l'occasion du jubilé semi-séculaire de la réunion de l'Ost-Frise au royaume de Hanovre, le roi Georges IV institua un nouvel ordre auquel il donna le nom d'*Ernest-Auguste*.

Peu de temps après, le Hanovre fut réuni à la Prusse et il n'est pas probable que cette puissance continuera à distribuer cet ordre. Quoi qu'il en soit, nous donnons, en historien fidèle, le résumé des statuts.

Le Hanovre comptait déjà deux ordres, celui de *Saint-Georges*, réservé aux princes et aux ministres des grands États, et l'ordre des *Guelphes*, institué pour récompenser les mérites civils et militaires.

Le nouvel ordre a été créé pour honorer plus amplement encore d'éminents services rendus au roi ou au pays, les vertus civiles, le talent dans les arts et les sciences. Il se compose de cinq classes :

Grands-croix, — commandeurs de première et de deuxième classe, chevaliers de première et de deuxième classe.

La décoration consiste :

Pour les grands-croix, en une étoile d'argent, à huit pointes, qui se porte sur la gauche de la poitrine. Au centre, sur champ rouge, se trouve le chiffre *E.-A.* en or, ceint d'un ruban d'émail bleu foncé, chargé, en lettres d'or, de la devise de feu le roi Ernest-Auguste : *Suscipere et finire.* Ils portent, en outre, suspendue à un large ruban écarlate, liséré de bleu foncé, passé en écharpe de droite à gauche, une croix d'or, émaillée de blanc, ayant à la face le même écusson que l'étoile, et au revers, le chiffre royal et la date de la fondation de l'ordre. Entre les branches de la croix, alternent la couronne royale et le bonnet électoral. (Planche V, n°s 5 et 6.)

Pour les commandeurs de première classe, une croix pareille, mais un peu moindre, suspendue en sautoir à un ruban, large de deux pouces et demi. De plus, une étoile sur le côté gauche.

Pour les commandeurs de seconde classe, la même croix, aussi dorée en sautoir, mais sans étoile.

Pour les chevaliers de première classe, une croix semblable, mais plus petite, portée à la boutonnière à un ruban large de deux doigts.

Pour les chevaliers de deuxième classe, même croix, mais en argent.

En cas de décès ou de promotion, les insignes seront renvoyés à la commission générale des Ordres, dans les trois mois.

Les insignes sont les mêmes pour le civil et le militaire.

Les décorés ont le droit d'orner leurs armoiries de la croix de l'ordre.

Les décorations des *Guelphes* et celles d'*Ernest-Auguste* ne seront portées simultanément qu'avec cette restriction : que les grands-croix des *Guelphes* ne porteront, comme grands-croix d'*Ernest-Auguste,* que la croix en sautoir.

Afin de multiplier les moyens de distinction et de récompense, le roi a fondé en même temps une *Croix de mérite,* qui se rattachera à l'ordre d'*Ernest-Auguste.*

Cette croix est partagée en deux classes. La première reçoit une croix d'or, la seconde, une croix d'argent. Les décorés ne peuvent la détacher du ruban. Ils cessent de la porter, quand ils sont promus au grade de chevalier de l'ordre.

HAWAII.

ORDRE DE KAMEHAMEHA.

Cet ordre a été institué par le roi d'Hawaii (îles Sandwich), par un décret du 4 avril 1865, dont voici la traduction :

Nous, KAMEHAMEHA Ier par la grâce de Dieu, roi des îles Hawaii, à tous ceux qui les présentes verront, etc.

Après avoir délibéré avec notre conseil privé d'État, nous avons décrété et décrétons ce qui suit :

Art. 1er. Un ordre de mérite est par les présentes créé sous le nom d'*Ordre de Kamehameha*.

Art. 2. Le nombre des membres dudit ordre est limité comme suit : Dix grands-croix ; — trente commandeurs ; — cinquante chevaliers.

Art. 3. Les insignes de l'ordre sont déterminés comme suit :

Les grands-croix porteront une croix de Malte en or, émaillée de blanc, ayant au centre notre chiffre entouré d'un cercle en émail bleu, sur lequel est inscrit notre nom en lettres d'or, à la face ; et au revers les mots : *E Hookanaka* (Soyez homme). Cette croix sera suspendue à un large ruban rouge, avec un étroit liséré blanc, passé en écharpe de l'épaule droite au côté gauche. (Pl. VI, n° 2.)

Ils attacheront, de plus, sur la gauche de la poitrine, une étoile à huit pointes en argent brillanté, sur laquelle est appliquée la croix de l'ordre, en or. (Pl. VI, n° 1.)

Les commandeurs porteront la même croix, suspendue à un ruban rayé de rouge et de blanc, et passé en sautoir autour du col.

La croix des chevaliers, de même forme, mais d'un module plus petit, est en argent émaillé de blanc. Elle se porte sur la gauche de la poitrine, attachée par un ruban rayé rouge et blanc. (Pl. VI, n° 3.)

HAWAII. — MONACO. — NASSAU.   Pl. VI.

Modèles fournis par LEMAITRE, fabr. d'Ordres français et étrangers, rue Coquillière 40, Paris.

ITALIE.

ORDRE DES SAINTS MAURICE ET LAZARE.

Anciennement cet ordre ne comprenait que deux classes : Grands-croix et chevaliers. Ceux qui étaient pourvus d'une commanderie, et, par suite, portaient le titre de Commandeurs, n'étaient pourtant pas d'un rang plus élevé que les chevaliers, avec cette différence que leur décoration était héréditaire.

Les chevaliers qui avaient fait profession avaient, dans certaines cérémonies, le droit de revêtir le manteau ; et l'obligation leur incombait de réciter chaque jour le petit office, de renoncer aux secondes noces, et de jeûner les vendredis et les samedis.

Quand il n'est pas en habit de gala, le grand-cordon peut porter à la boutonnière une chaîne d'or, dans laquelle la croix alterne avec le chiffre de Charles-Albert ; le commandeur, au côté gauche de la poitrine, la petite croix couronnée.

Le titre de Commandeur a été exclusivement réservé aux individus qui reçoivent ce titre du roi ; il n'est plus permis aux fondateurs, ni aux individus pourvus d'une commanderie.

Le manteau est autorisé aux trois classes de chevaliers, pourvu qu'ils soient profès.

Par les patentes magistrales du 19 juillet 1839, il a été institué une médaille d'or, destinée aux individus qui, après cinquante années d'activité, se trouvent encore au service dans l'armée royale. Cette médaille a deux modules, l'un pour les officiers généraux, l'autre pour les officiers des grades inférieurs.

Des patentes magistrales du 12 juin 1840, du 24 décembre 1841, et du 16 mars 1851, ont sanctionné diverses modifications aux anciens statuts, quant à la profession, les preuves de grâce et justice, et l'administration du patrimoine de l'ordre.

Le roi Victor-Emmanuel II, par ses décrets du 28 novembre, du 14 décembre 1855 et du 11 février 1857, a introduit dans l'ordre le grade de commandeur de première classe, répondant aux grands-officiers des ordres étrangers, et celui d'officier.

La première classe des commandeurs se distingue par l'étoile d'argent en losange, sur laquelle est posé l'insigne de l'ordre, fixé au côté gauche, et par l'absence de couronne à la croix; les officiers, par une croix égale à celle des chevaliers, mais surmontée d'une guirlande ornée de deux branches de chêne et de laurier, attachée au côté gauche par le ruban, traversé d'une boucle d'or.

Pour les deux nouveaux grades, on n'a pas introduit de distinction particulière pour l'uniforme, attendu qu'il suffisait de la décoration, qui peut encore être figurée sur la garde de l'épée, sur les épaulettes, les boutons et la ganse du chapeau. L'uniforme est le même pour les commandeurs, le même pour les officiers et les chevaliers.

Les insignes de commandeur de première classe sont réservés aux lieutenants généraux, chefs-présidents, ministres résidents, ou autres fonctionnaires d'un rang égal, après être demeurés pendant quatre ans dans la seconde classe.

Aux mêmes conditions, et lors de leur mise à la retraite, peuvent y aspirer : les majors généraux, membres du conseil d'État, de la Cour de cassation, et de la Cour des comptes.

Il faut avoir porté pendant quatre ans les insignes de commandeur de première classe, pour être admis au grand-cordon.

Par décret royal du 1er septembre 1861, les biens de l'ordre *Constantinien de Saint-Georges*, de Parme, ont été réunis à l'ordre des *SS. Maurice et Lazare*.

Enfin, un dernier décret vient d'établir de nouvelles règles pour l'admission et la promotion dans l'ordre. Il est précédé de ce rapport :

Sire, l'absence de règles précises pour la distribution des décorations de l'ordre des *SS. Maurice et Lazare* produisait souvent de la confusion entre les divers départements qui ont la faculté d'en proposer la collation.

Cet inconvénient justement constaté, et à plusieurs reprise reconnu par V. M., l'a déterminée à ordonner au rapporteur de préparer, d'accord avec le président du Conseil des ministres, un décret de la Grande-maîtrise, établissant, selon le rang des personnes, je genre de mérite et services personnels, les règles à suivre dans la distribution de la décoration aux diverses classes, et dans les promotions des chevaliers d'une classe à l'autre.

La prérogative royale, sans exclure l'iniative ministérielle, est réservée à V. M. pour récompenser, *motu proprio*, et selon leur valeur, les mérites personnels indépendants du grade occupé dans la hiérarchie des emplois publics comme les mérites scientifiques, littéraires, artistiques, les découvertes et les inventions, les œuvres insignes de bienfaisance, et surtout les services rendus à la grande patrie italienne au dedans comme au dehors du parlement.

Le président du Conseil des ministres et le rapporteur ayant rempli leur mandat et V. M. ayant daigné approuver les règles qui ont été soumises à son haut examen, le rapporteur a l'honneur de présenter ce décret à la signature royale.

Vu : L.-G. Menabrea.   Cibrario.

Victor-Emmanuel II, etc.

Notre volonté étant que l'ordre des *SS. Maurice et Lazare*, dont l'origine est si ancienne, et illustre même par les bienfaits qu'il a répandus, soit, par le nombre restreint et la qualité de ses membres, rendu toujours plus digne de sa renommée.

De notre propre mouvement, et après avoir entendu le président du Conseil des ministres et le ministre d'État notre premier secrétaire de la Grande-maîtrise, et en vertu de notre prérogative royale et de notre autorité de Grand-maître,

Avons décrété et décrétons ce qui suit :

Art. 1ᵉʳ. L'ordre continue à être destiné à récompenser les mérites acquis dans les carrières civiles et militaires, dans les sciences, dans les lettres, dans les arts, dans le commerce, dans l'industrie, et plus spécialement les œuvres de la bienfaisance, pour laquelle l'ordre a été institué, ou dont il a été chargé dans la suite.

La longue durée du service dans les emplois publics n'est pas, à elle seule, un titre suffisant pour obtenir la croix, sauf lorsqu'il s'agit de services parlementaires ou de services gratuits dans les administrations provinciales et communales, ou dans les institutions d'éducation ou de bienfaisance.

Art. 2. Personne ne pourra obtenir, pour la première fois, un grade supérieur à celui de chevalier, s'il n'est revêtu de la charge de grand-officier de la couronne.

Art. 3. Aucun décoré ne pourra être promu à un grade supérieur, sans avoir passé trois ans dans les grades de chevalier et d'officier, quatre dans celui de commandeur, cinq dans celui de grand-officier.

Art. 4. Le nombre des décorés sera dorénavant fixé à soixante pour les grands-croix, à cent cinquante pour les grands-officiers, à cinq cents pour les commandeurs, à deux mille pour les officiers.

Le nombre des chevaliers est indéterminé.

Dans le nombre des chevaliers grands-croix ne sont pas compris les chevaliers de l'*Ordre suprême de la très-sainte Annonciade* qui, par un ancien usage, peuvent porter les grands insignes du présent ordre.

Afin de réduire progressivement les quatre premières classes au nombre établi, on fera une seule promotion sur deux vacances, s'il s'agit de grands-croix, grands-officiers et commandeurs, une sur trois pour les officiers.

Art. 5. Sauf toujours les exceptions des art. 2 et 3, ont qualité pour recevoir (non droit pour obtenir) :

a. La grande-croix : les ambassadeurs, les ministres d'État, les ministres secrétaires d'État, les présidents du Conseil d'État et de la Cour des comptes, les premiers présidents et procureurs généraux des Cours de cassation, les généraux, les amiraux, le président et l'avocat général du tribunal suprême de guerre. Après huit ans de services dans les charges suivantes : les premiers présidents des Cours d'appel, les lieutenants généraux, les vice-amiraux, les envoyés extraordinaires et ministres plénipotentiaires de première classe, les présidents de section du Conseil d'État, des Cours de cassation et de la Cour des comptes.

b. La croix de grand-officier : les premiers présidents et les procureurs généraux des Cours d'appel, les lieutenants généraux, les vice-amiraux, les envoyés et ministres plénipotentiaires de première classe, les présidents de section du Conseil d'État, des Cours de cassation et de la Cour des comptes. Et après dix ans de service effectif dans leur charge : les préfets, les conseillers d'État, de la Cour des comptes et de cassation, les présidents de section des Cours d'appel, les secrétaires généraux et les directeurs généraux et supérieurs et les inspecteurs généraux des ministères, les majors généraux, les contre-amiraux, les ministres plénipotentiaires de deuxième classe, les syndics de Turin, Gênes, Milan, Venise, Parme, Modène, Florence, Naples, Palerme et Cagliari.

ITALIE. Pl. VII.

Modèles fournis par LEMAITRE, fabr. d'Ordres français et étrangers, rue Coquillière, 10, Paris.

c. La croix de commandeur : les préfets, les conseillers d'État, de la Cour des comptes et de cassation, les présidents de section des Cours d'appel, les secrétaires généraux, les directeurs généraux et supérieurs et les inspecteurs généraux des ministères, les majors généraux, les contre-amiraux, les ministres plénipotentiaires de deuxième classe, les syndics de Turin, Gênes, Milan, Venise, Parme, Modène, Bologne, Florence, Naples, Palerme et Cagliari, les syndics des villes et chefs-lieux de province (après confirmation et après cinq ans de grade), les colonels, les capitaines de vaisseau, et les directeurs chefs de division des ministères et de la grande-maîtrise *Mauricienne*.

Dorénavant, la croix que les commandeurs portent au col sera surmontée de la couronne royale.

d. La croix d'officier : les colonels, les capitaines de vaisseau, les conseillers d'appel, les référendaires au Conseil d'État, les maîtres des comptes à la Cour des comptes ; et après cinq ans de service dans leurs charges respectives, les lieutenants-colonels, les capitaines de frégate de première classe, les sous-préfets et chefs de services dans les ministères, les présidents des tribunaux d'arrondissement et les procureurs du roi, les syndics des chefs-lieux d'arrondissement après une confirmation.

Dans la croix d'officier, la couronne de chêne et de laurier sera dorénavant remplacée par la couronne royale.

e. La croix de chevalier : les présidents et procureurs du roi près des tribunaux d'arrondissement, les sous-préfets, les chefs de section des ministères, les majors dans l'armée, les capitaines de frégate de deuxième classe.

Après dix ans de services dans les grades suivants : les conseillers de préfecture, les juges des tribunaux d'arrondissement, les préteurs des villes chefs-lieux d'arrondissement, les conseillers et les syndics des villes, après une confirmation, les capitaines après douze ans de grade.

Personne ne pourra se prévaloir de son grade et de son ancienneté pour prétendre à une nomination ou à une promotion dans l'ordre.

Les exceptions aux règles établies dans le présent article ne pourront être proposées à notre approbation que dans les cas extraordinaires et pour des services signalés. Les motifs de ces exceptions seront exposés et publiés dans le décret y relatif.

Art. 6. A l'occasion d'une mise à la retraite après huit années de service dans le même grade, les fonctionnaires mentionnés dans les articles précédents pourront être promus au grade immédiatement supérieur à celui correspondant à la charge dont ils seraient revêtus. Ceux qui ne sont pas compris dans les articles précédents et qui seraient jugés dignes d'une faveur spéciale pourront, à l'occasion de leur mise à la retraite, obtenir la croix de chevalier.

Art. 7. Pour les fonctionnaires dont il n'est pas fait mention spéciale ci-dessus, il sera tenu compte du grade auquel ils auraient été assimilés. En cas de doute, on en référera au conseil de l'ordre.

Art. 8. Quant aux personnes qui ne sont pas au service de l'État, la mesure de la récompense sera déterminée par celle des services rendus à la patrie par les travaux de l'esprit et de la main. Les inventions et les premières applications de nouvelles inventions, les découvertes et les explorations géographiques et scientifiques de pays peu ou point connus, les services rendus à l'humanité, les traits de courage civil, la fondation d'écoles et d'hospices, l'association bienveillante du capital et du travail dans de vastes entreprises industrielles et commerciales, et surtout la diffusion de l'instruction, soit supérieure, soit populaire, tant dans la partie littéraire, scientifique et technique, que dans l'éducation et la morale.

Art. 9. Hors des cas extraordinaires qui donneront lieu à un *motu proprio,* et les échanges de décoration entre État et État, les décorations seront conférées le jour de Saint-Maurice (15 janvier), et le jour de la fête du Statut (1er dimanche de juin).

Un mois avant ladite époque, chaque ministre transmettra à la Grande-maîtrise une liste des personnes qu'il entend proposer pour la décoration, avec l'indication de leurs titres respectifs à cette distinction.

Notre premier secrétaire de la Grande-maîtrise, assisté de deux conseillers de l'ordre, qui seront désignés par nous, vérifiera si les propositions faites réunissent les conditions désirées par les art. 2, 3, 4, 5 et 6 du présent décret, et les renverra ensuite à leur département respectif avec les observations nécessaires. Lorsqu'en apposant le visa au décret, notre premier secrétaire susmentionné s'apercevra qu'il y a lieu à quelque doute, il devra avant de le mettre à exécution, et suivant notre intention expresse, en référer à nous d'abord, pour les mesures opportunes, dont ils auront soin d'informer promptement le ministre qui aura expédié le décret.

Art. 10. Il est interdit de faire connaître ou d'insérer dans la *Gazette officielle* les décorations accordées par nous, avant que notre décret ait été enregistré à la Grande-maîtrise, et que le diplôme ait été expédié.

Art. 11. Les propositions ayant pour but de conférer la croix à des personnages étrangers doivent être présentées par notre ministre des affaires étrangères.

Art. 12. Dans les échanges de décorations avec des puissances étrangères, la croix de grand-officier de l'ordre des *SS. Maurice et Lazare* sera, étant un des principaux ordres de nos États, considéré comme ayant une valeur égale au grand-cordon de l'un des ordres secondaires des puissances étrangères.

Art. 13. Quiconque par un fait légalement constaté aura forfait à l'honneur, ou soutenu des intérêts antinationaux, sera privé de la décoration.

Donné à Florence, le 20 février 1868.   V.-E.

ORDRE DE LA COURONNE D'ITALIE.

Ce nouvel ordre a été institué par le roi d'Italie, le 20 février 1868, par le décret suivant :

Victor-Emmanuel II, etc.

L'indépendance et l'unité de l'Italie venant d'être consolidées par l'annexion de la Vénétie, nous avons résolu de consacrer le souvenir de ce grand fait par l'institution d'un nouvel ordre de chevalerie, destiné à récompenser les éclatants services, tant des Italiens que des étrangers, et spécialement ceux qui touchent directement aux intérêts de la nation.

A cet effet, de notre propre mouvement et en vertu de notre prérogative royale, nous avons décrété et décrétons ce qui suit :

Art. 1er. Il est institué un nouvel ordre de chevalerie qui se nommera : *Ordre de la Couronne d'Italie*, dont nous nous déclarons Grand-maître, nous et nos successeurs au trône d'Italie.

Art. 2. Notre premier secrétaire d'État pour la grande-maîtrise de *Maurice* sera le chancelier dudit ordre, pour la collation duquel nos ministres secrétaires d'État, comme notre susdit premier secrétaire, suivront les règles en ce moment usitées pour l'*Ordre des SS. Maurice et Lazare.*

L'insigne de l'ordre consiste en une croix pattée, d'or, arrondie, émaillée de blanc, cantonnée de quatre lacs d'amour, chargée au centre de deux écussons d'or, l'un avec la couronne de fer en or, l'autre avec l'aigle noir éployé portant en cœur la croix de Savoie. La croix sera suspendue à un ruban rouge avec une raie blanche de la dimension d'un huitième de la largeur du ruban. (Pl. VII, n° 3.)

Art. 4. L'ordre est divisé en cinq classes : Grands-croix, dont le nombre ne peut excéder soixante ; — grands-officiers, cent cinquante ; — commandeurs, cinq cents ; — officiers, deux mille ; — chevaliers, illimité.

Art. 5. Les chevaliers porteront la croix suspendue à la boutonnière ; les officiers, la même croix avec une rosette au ruban ; les commandeurs auront une croix de plus grande dimension, suspendue au col.

L'insigne des grands-officiers sera une étoile d'argent à huit rayons, à laquelle sera appliquée la croix (Pl. VII, n° ?), et une croix de plus grande dimension suspendue au col.

L'insigne des grands-croix consistera en la croix suspendue à un large ruban, porté en écharpe, de droite à gauche, et, sur la gauche de la poitrine, une étoile d'argent dans laquelle sera placé un écu, émaillé d'azur, avec la couronne de fer, en or, et la légende : *Victorius-Emmanuel II*, *Rex Italiæ*, — 1866 —, en lettres d'or sur fond blanc. (Planche VII, n° 1.)

Art. 6. Les dimensions d'ordonnance des décorations des différents grades sont celles ci-après :

> Croix de chevalier et d'officier, 35 millimètres.
> Croix de commandeur, de grand-officier et de grand-cordon, 50 millimètres.
> L'étoile des grands-officiers aura un diamètre de 60 millimètres.
> Celle des grands-cordons sera de 80 millimètres.

Art. 7. Seront rendus les honneurs militaires aux décorés dudit ordre, comme à ceux des *SS. Maurice et Lazare ;* aux grands-croix, grands-officiers et commandeurs, comme aux officiers supérieurs de l'armée; aux officiers et aux chevaliers, comme aux officiers inférieurs de l'armée.

Art. 8. Sera privé de la décoration, quiconque aura, par un acte légalement constaté, manqué à l'honneur, ou défendu des intérêts antinationaux.

Donné à Florence, le 20 février 1868.   V.-E.

ORDRE ROYAL MILITAIRE DE SAVOIE.

Un décret du roi Emmanuel II, en date du 26 septembre 1855, a reconstitué cet ordre à l'occasion de la guerre d'Orient, pour récompenser les militaires qui y ont combattu à cette époque, et stimuler l'émulation des autres. Il ne pourra être distribué qu'en temps de guerre, si ce n'est dans des cas extraordinaires et pour des mérites remarquables.

L'ordre est actuellement divisé en cinq classes : Grands-croix, — commandeurs de première et de deuxième classe, — officiers, — chevaliers.

Les chevaliers portent la croix (pl. VII, n° 5) sur la gauche de la poitrine, suspendue à un ruban bleu, traversé d'une ligne rouge.

Les officiers la portent de même, mais surmontée d'un trophée d'armes.

La décoration des commandeurs de deuxième classe est surmontée d'une couronne et portée au col en sautoir. Les commandeurs de première classe y ajoutent une étoile d'argent, au milieu de laquelle la croix est figurée.

Les grands-croix portent une croix de grand module, surmontée de la couronne royale et suspendue à un large ruban, passé en écharpe de droite à gauche, et attachent, sur le côté gauche de la poitrine, une grande étoile d'argent, au centre de laquelle brille la croix de l'ordre. (Planche VII, n° 4.)

Les commandeurs et les grands-croix ne porteront, en petite tenue, que la croix distinctive de leur classe, réduite à la dimension de celle des chevaliers.

Les décorés qui auraient déjà reçu l'ancienne *Décoration militaire de Savoie* ou la *Médaille de la Valeur militaire*, instituée en 1833, pourront continuer à la porter simultanément avec la nouvelle croix.

Ceux qui passeront à un grade supérieur dans l'ordre porteront seulement les insignes de leur nouveau grade.

En campagne, la croix de chevalier peut être conférée par le général en chef, ou par le commandant d'une place forte investie par l'ennemi, ou bien encore par le chef d'une division opérant isolément, lorsqu'il y aura été autorisé spécialement par un décret royal.

Des pensions seront fixées pour les quatre classes de décorés, réversibles, en cas de mort, aux veuves et aux enfants âgés de moins de quinze ans.

MÉDAILLE DE L'INDÉPENDANCE.

Cette médaille a été distribuée en 1865, en souvenir des guerres de l'indépendance et de l'unité de l'Italie.

Elle est en argent, et reproduit, d'un côté, l'effigie du roi Victor-Emmanuel, et de l'autre, la figure de l'Italie couronnée et appuyée sur l'écusson de Savoie, avec cette inscription : *Guerres pour l'indépendance et l'unité de l'Italie.* Elle se porte à un ruban aux couleurs nationales six fois répétées. (Pl. VII, n° 6.)

MECKLEMBOURG.

ORDRE DE LA COURONNE DE VANDALIE.

Cet ordre a été institué le 12 mai 1864, par les grands-ducs Frédéric-François de Mecklembourg-Schwérin, et Frédéric-Guillaume de Mecklembourg-Strélitz. Il ne peut être décerné qu'à des personnes d'une des confessions chrétiennes reconnues officiellement en Allemagne.

Il compte quatre classes : Grands-croix, subdivisés en *Couronne d'airain* et *Couronne d'or*, — grands-commandeurs, — chevaliers.

A l'ordre est joint une *Croix de Mérite*, partagée en deux degrés : la croix d'or et la croix d'argent.

Les insignes de l'ordre sont, pour la première classe : une étoile d'argent à sept rayons, qui sera portée sur la gauche de la poitrine. L'écusson central, émaillé de bleu, enserre dans un cercle d'émail rouge la devise : *Per aspera ad astra*, pour Schwérin ; et celle : *Avito viret honore*, pour Strélitz. (Pl. IX, n° 1.)

Une croix en or, à huit branches, émaillée de blanc, (n° 2), se porte : par la première classe, suspendue au collier de l'ordre ou à un large ruban bleu, bordé d'une étroite raie jaune et rouge, passé en écharpe de l'épaule droite au côté gauche ; — par les grands-commandeurs et les commandeurs, au col en sautoir : les premiers y ajoutent une plaque à quatre rayons seulement ; — par les chevaliers, à la boutonnière, mais d'un module plus petit.

Pour le mérite militaire, les insignes seront surmontés de glaives.

Le collier est une double chaîne en or, rattachant le chiffre grand-ducal, alterné avec des dragons ailés.

Les dames de maison princière pourront être admises dans l'ordre. Elles porteront les insignes couronnés de la première classe, avec la devise en diamant, suspendus au collier de l'ordre ou attachés par un nœud de ruban sur l'épaule gauche.

MEXIQUE.

ORDRE DE L'AIGLE MEXICAINE.

Cet ordre a été institué le 10 avril 1865 par l'empereur Maximilien, pour récompenser le mérite et les services éminents rendus à l'État ou à la personne du monarque.

Il se compose de : Chevaliers, — officiers, — commandeurs, — grands-officiers, — grands-croix, avec ou sans collier.

La décoration représente l'*Aigle mexicaine*, aux ailes étendues, reposant sur un nopal et déchirant le serpent de la discorde. L'aigle porte sur la tête la couronne impériale, et croise sur sa poitrine le sceptre et l'épée, emblèmes de l'équité et de la justice. (Pl. VIII, n° 2.)

L'aigle est d'argent pour les chevaliers ; d'or, pour les autres grades.

Les chevaliers portent la décoration suspendue à un ruban vert, liséré de rouge, attaché sur le côté gauche de la poitrine. Les officiers ajoutent une rosette au ruban. Les commandeurs la suspendent au col à un ruban un peu plus large.

Les grands-officiers attachent au côté droit de la poitrine une étoile à huit rayons brillantés, dont les quatre principaux ont la forme d'un fleuron et sont terminés par une émeraude. Au milieu est un double rang d'émeraudes et de rubis, entourant l'aigle sur un fond d'or. (Pl. VIII, n° 1.)

Les grands-croix portent la même plaque sur le côté gauche et suspendent le même aigle que celui des commandeurs à un large ruban en écharpe, descendant de l'épaule droite au côté gauche.

Le collier est formé d'une double chaîne en or, où alternent l'aigle et le chiffre impérial. (Pl. VIII, n° 3.)

MEXIQUE. PL. VIII.

Modèles fournis par LEMAITRE, fabr. d'Ordres français et étrangers, rue Coquillière, 40, Paris.

ORDRE DE LA GUADELOUPE.

Un décret de l'empereur Maximilien, du 10 avril 1865, modifiant les statuts de cet ordre, créé par l'empereur Iturbide et restauré par le président Santa-Anna, le 11 novembre 1853, y a introduit les dispositions suivantes :

L'ordre est institué pour récompenser les mérites distingués et les vertus civiques.

Il se compose de cinq classes : Chevaliers, — officiers, — commandeurs, — grands-officiers, — grands-croix.

Le nombre des chevaliers est illimité ; celui des officiers est de cinq cents ; des commandeurs, deux cents ; des grands-officiers, cent ; enfin le nombre des grands-croix est limité à trente.

Les deux nouvelles classes introduites dans l'ordre portent leurs insignes comme suit : les officiers, la croix attachée sur la poitrine par une rosette ; les grands-officiers, une plaque, sur la droite.

La plaque, la croix et le collier sont représentés pl. VIII, n°s 4, 5 et 6.

ORDRE DE SAINT-CHARLES.

Cet ordre a été institué par l'empereur Maximilien, le 10 avril 1865, de concert avec l'impératrice Charlotte, afin de récompenser la vertu et la piété du sexe, et donner de l'éclat aux mérites que recueille la femme, dans le vaste champ de l'enseignement, dans les œuvres de charité chrétienne, dans les preuves de générosité et d'abnégation, qu'elle donne aux malheureux.

Il est divisé en deux degrés, dont le premier a été réservé à l'impératrice comme grande-maîtresse, et aux princesses étrangères.

La décoration a la forme d'une croix latine, en émail blanc, bordée d'argent, ayant à son centre la devise de saint Charles Borromée : *Humilitas*, inscrite sur une croix d'émail vert, superposée.

La première classe porte la décoration à un large cordon rouge ponceau, passé en écharpe de l'épaule droite au côté gauche.

La deuxième classe l'attache au moyen d'un nœud de ruban de même nuance, sur l'épaule gauche. (Pl. VIII, n° 7.)

MÉDAILLE DE MÉRITE.

Un décret de l'empereur Maximilien, du 10 mars 1865, a institué une *Médaille de Mérite*, divisée en deux catégories : *Médaille civile* et *Médaille militaire*.

Chacune d'elles se divise en trois classes : Médaille d'or ; — médaille d'argent ; — médaille de bronze.

Ces décorations seront décernées suivant la nature et l'importance des services rendus dans les sciences, l'industrie, le commerce, l'agriculture et les arts, ou par des actes de valeur, de bravoure et de dévouement.

La médaille civile présente, d'un côté, l'effigie de l'empereur avec cette légende: MAXIMILIEN, EMPEREUR ; et au revers : *Au mérite civil*, au centre d'une couronne de chêne. Elle se suspend à un ruban vert attaché au côté gauche de la poitrine.

Dans la médaille militaire, la légende porte : *Au mérite militaire*, et le ruban est rouge, bordé d'un liséré blanc. (Pl. VIII, n° 8.)

CROIX DE LA CONSTANCE.

Un décret du 10 août 1865 a institué cette décoration afin de récompenser la persévérance sous les drapeaux. Elle ne comprend que deux classes. La première sera le prix de cinquante années de service. La croix est d'émail blanc bordé d'or. Dans le centre, un médaillon d'or, avec l'aigle couronnée, est entouré d'un cercle en émail vert sur lequel on lit, en lettres d'or, le mot : *Constancia*. Elle sera suspendue à un ruban moiré, tiercé de blanc entre deux bandes rouges. Il s'attachera à la croix par une boucle et un anneau d'or.

La croix de deuxième classe sera le prix de vingt-cinq années de service. Elle est semblable à la première, sauf que l'émail du cercle est incarnat, et les deux bandes latérales du ruban, vertes.

MONACO.

ORDRE DE SAINT-CHARLES.

Cet ordre a été institué par le prince de Monaco, le 15 mars 1858, pour récompenser le mérite et reconnaître les services rendus à l'État et à la personne du prince grand-maître.

Il se compose de cinq classes : Grands-croix, — grands-officiers, commandeurs, — officiers, — chevaliers.

La décoration est une croix en or, à quatre branches en émail blanc bordé de rouge, garnies de huit pointes d'or, portant, d'un côté, sur émail rouge, un double *C* couronné, et la légende en or : *Princeps et Patria*; et, de l'autre, les armes de Monaco en émail rouge et blanc, avec la légende en or : *Deo juvante*.

Cette croix, couronnée d'or, est entourée d'un crancelin de laurier et d'olivier, en émail vert. Le ruban est rouge et blanc. (Pl. VI, n° 4.)

La plaque consiste en une étoile à huit branches d'argent, à pointes de diamant, portant au centre la croix de l'ordre. Elle est placée par les grands-croix au côté gauche; par les grands-officiers, à droite.

La croix est portée par les grands-croix en écharpe de l'épaule droite vers le côté gauche; par les grands-officiers, à la boutonnière, avec rosette; par les commandeurs, au col en sautoir; par les officiers, à la boutonnière, avec rosette; par les chevaliers, à la boutonnière.

Sauf les membres de la famille du grand-maître et les étrangers, on n'arrive à la grand-croix qu'après avoir passé cinq ans dans le grade de grand-officier. Le grand-officier doit avoir passé quatre ans dans le grade de commandeur; le commandeur, trois ans dans celui d'officier; et l'officier quatre ans dans celui de chevalier.

La nomination est soumise à des droits fixés par un tarif.

NASSAU.

ORDRE DU LION D'OR.

Cet ordre a été institué, d'un commun accord, entre le duc Adolphe de Nassau et le roi Guillaume des Pays-Bas, prince d'Orange-Nassau et grand-duc de Luxembourg, par un décret rendu à La Haye le 29 janvier 1858, par ce dernier souverain, et à Wiesbaden, le 16 mars de la même année, par le duc de Nassau.

L'*Ordre du Lion d'or* sera commun aux deux branches de la maison de Nassau. Il ne compte qu'une seule classe.

La décoration consiste en une croix d'émail blanc, entre les bras de laquelle brillent quatre *N* d'or. Au centre un écu émaillé de bleu, portant, d'un côté, le Lion d'or de Nassau, et de l'autre, la légende, en lettres d'or : *Je maintiendrai*. (Pl. VI, n° 6.)

Les chevaliers portent le bijou suspendu à un large ruban orange, liséré de bleu, passé en écharpe de l'épaule droite au côté gauche.

Ils ajoutent, sur le côté gauche de la poitrine, une étoile à huit rais d'argent, portant au centre l'écu d'azur au Lion d'or, entouré de la devise en lettres d'or, sur émail bleu. (Pl. VI, n° 5.)

Les princes, fils et frères des deux lignes de la maison de Nassau, sont chevaliers-nés de l'ordre. Toutefois ils n'en porteront les insignes avant leur majorité que du consentement du chef de leur ligne.

L'ordre ne pourra être conféré qu'à des souverains et à des princes de maison souveraine ; à des personnes ayant le titre d'Excellence et au moins le rang d'ambassadeur, archevêque, ministre d'État, lieutenant-général, ou grand officier de la Cour.

Le droit de conférer l'ordre appartient aux chefs des deux lignes de la maison de Nassau, qui l'exercent conjointement ou séparément. Dans ce dernier cas, la nomination faite par le chef d'une ligne sera portée à la connaissance du chef de l'autre.

ORDRE D'ADOLPHE.

Le duc Adolphe de Nassau a institué cet ordre le 8 mai 1858, pour perpétuer le souvenir de son aïeul l'empereur Adolphe de Nassau, de glorieuse mémoire, et afin d'avoir un moyen, en plus, de récompenser ceux qui ont rendu des services à sa maison ou au pays; les personnes qui se signalent dans les arts ou les sciences; — ou pour donner, dans le pays et à l'étranger, des marques de sa bienveillance.

L'ordre porte le nom : *Ordre du Mérite civil et militaire d'Adolphe de Nassau*. Il prend rang après l'*Ordre du Lion d'or*.

L'ordre se compose de grands-croix, commandeurs de première et de deuxième classe, chevaliers, et membres de la quatrième classe.

Le bijou est une croix émaillée de blanc, à huit pointes, pommetée d'or, surmontée de la couronne ducale, d'or. Au centre de la croix, un A gothique, sommé de la couronne impériale, en or, sur champ blanc, cerné de deux branches de laurier sur un ruban blanc, portant, en lettres d'or, la devise de l'ordre : *Virtuti*. Au revers, l'écusson rond porte les deux dates, 1292 et 1858, d'or sur métal blanc.

La croix de chevalier et celle de la quatrième classe ne sont point surmontées de la couronne ducale, et la dernière, du même module, est en argent.

La croix est de trois dimensions. Les grands-croix la suspendent à un ruban moiré bleu, liséré d'orange, de la largeur de la main, en écharpe de l'épaule droite à la hanche gauche. Les commandeurs la portent au col suspendue à un ruban de moitié moins large. Les deux autres classes l'attachent, ou à la boutonnière, ou au côté gauche, par un étroit ruban. Les grands-croix portent, en outre, au côté gauche, une étoile d'argent à huit pointes, offrant au centre le même dessin que la croix. (Pl. VI, nos 7 et 8.)

Les commandeurs de première classe portent aussi, au côté gauche, une croix d'argent à huit pointes, bordée et pommetée d'or, l'intervalle des branches rempli de rayons d'argent. L'écusson est pareil à celui des grands-croix, mais d'une dimension moindre.

NICARAGUA.

ORDRE AMÉRICAIN DE SAN-JUAN.

Le 13 juin 1854, la ville libre de Grey-Town, aujourd'hui San-Juan de Nicaragua, fut bombardée, sous le prétexte le plus futile, par ordre du pouvoir exécutif de Washington, qui exigeait une somme considérable pour un dommage fictif causé à des citoyens de l'Union.

Les bombes ennemies amenèrent la ruine de la malheureuse cité. Cependant les membres de l'Administration en relevèrent les débris, et résolurent d'envoyer une délégation officielle en Europe, pour y faire connaître les faits dont ils avaient été victimes. Les démarches des délégués furent secondées par tous ceux qu'avait émus cette cause digne de toutes les sympathies.

La ville crut de son devoir de témoigner sa reconnaissance pour tant d'efforts tentés en sa faveur, et elle institua l'*Ordre américain de San-Juan*, destiné à récompenser les services rendus, à quelque titre que ce fût, aux affaires publiques et à la cause de la justice et du droit.

L'arrêté d'institution et de constitution porte la date du 1er mai 1857.

Les membres de l'ordre sont divisés en trois classes.

Le maire est le chef de l'ordre, qui ne peut d'ailleurs être conféré qu'en conseil des administrateurs de la cité.

Chaque brevet doit porer la signature du chancelier de la Municipalité et celles de trois administrateurs, au moins, parmi lesquelles celle du maire ou de son délégué.

A raison de la difficulté et des lenteurs des communications, le délégué en Europe est chargé, en ce qui concerne le pays où il exerce sa mission, d'y conférer l'ordre. (*Dict. des Ordres de Chevalerie.*)

La décoration est représentée pl. VII, n° 7.

OLDENBOURG.

ORDRE DU MÉRITE DE PIERRE-FRÉDÉRIC-LOUIS.

Le grand-duc d'Oldenbourg a introduit de nombreuses modifications aux anciens statuts de cet ordre. Nous signalerons les principales.

La première classe se divise actuellement en grands-croix avec la couronne d'or, et grands-croix. La dénomination de petite-croix est remplacée par celle de croix de chevalier.

Les chevaliers se partagent en deux classes. La première se compose de chevaliers capitulaires, et comptera, à l'avenir, vingt membres honoraires en plus. En font partie tous ceux qui, antérieurement, ont reçu la petite croix. La deuxième classe comprend les membres honoraires nationaux, et ceux-ci ne monteront à la première que lorsque leur nombre ne sera pas au-dessus de vingt. Jusqu'à ce que cette réduction soit atteinte, le nombre des nationaux, membres honoraires de la deuxième classe, sera limité de façon que le total des deux classes ne dépasse point quarante.

La croix de chevalier de deuxième classe sera d'argent.

Les prébendes donnent un revenu annuel, pour les grands-croix, de 400 rixdales, — grands-commandeurs, 300, — commandeurs, 200, — chevaliers, 100.

Dans la division des membres honoraires, le chiffre des chevaliers est fixé à vingt-quatre.

Les militaires, décorés pour faits d'armes, croisent deux glaives en sautoir sous l'écu. Décorés pendant la paix, ils croisent les glaives au-dessus du bijou.

Outre quelques légers changements dans les insignes, un ordre de la chancellerie, du 17 janvier 1863, a permis de remplacer le ruban par un collier, dans les jours de cérémonie. Ce collier est formé de quatorze médaillons en émail, représentant alternativement l'avers et le revers de l'écusson central du bijou, reliés par le chiffre couronné de Pierre-François-Louis, et fermé par le chiffre de Paul-Fréderic-Louis.

PAYS-BAS.

ORDRE DE LA COURONNE DE CHÊNE.

Deux nouveaux grades ont été introduits dans cet ordre, celui de grand-officier et celui d'officier. L'ancienne plaque des grands-croix est devenue celle des grands-officiers, et une nouvelle étoile à huit rayons d'argent a été créée pour le premier grade.

Pour les officiers, on a ajouté à la croix de chevalier des feuilles de chêne, en or mat, dans les angles de la croix.

En outre, une *Médaille* a été jointe à l'ordre. Elle a deux classes, l'une en bronze, l'autre en argent. (Pl. IX, n° 3.)

CROIX DE WATERLOO.

Le roi Guillaume III a institué cette décoration le 10 mai 1865, afin de donner aux combattants néerlandais de 1813-1815 un témoignage public de reconnaissance pour les faits qu'ils ont accomplis pendant ces années mémorables, et désirant que cette distinction soit un souvenir du rétablissement et de la consolidation de l'indépendance nationale.

Cette décoration consiste en une croix d'argent à cinq branches. Au centre se trouve gravé, d'un côté, le millésime de 1813, et de l'autre, celui de 1815. Elle se porte sur le sein gauche, attachée par un ruban orange à deux filets blancs. (Pl. IX, n° 4.)

CROIX D'ANCIENNETÉ.

Instituée pour récompenser les anciens et loyaux services dans la garde civique et l'armée, cette croix est en argent, pour la première, et porte le nombre d'années de service, inscrit au centre d'un médaillon doré, entouré de laurier, avec deux glaives croisés au-dessous. Elle s'attache sur la poitrine par un ruban orange. Pour l'armée, la croix est entièrement dorée, et le ruban orange, blanc et bleu. (Pl. IX, n° 5.)

MECKLEMBOURG. — PAYS-BAS — PORTUGAL   Pl. IX.

Modèles fournis par LEMAITRE, fabr. d'Ordres français et étrangers, rue Coquillière, 40, Paris.

PORTUGAL.

ORDRE DE SAINT-JACQUES.

Le roi de Portugal a rendu, le 31 octobre 1862, le décret suivant :

PEDRO, etc.

Art. 1ᵉʳ. L'*Ordre de Saint-Jacques de l'Épée* est de nouveau réformé. et, à dater de ce jour, il s'intitulera : *l'Ancien, le très-noble et très-illustre ordre de Saint-Jacques pour le mérite scientifique, littéraire et artistique.*

Art. 2. Les grades et dignités sont : le Grand-maître, — le grand-commandeur, — les grands-officiers, — les grands-croix, — les commandeurs, — les officiers, — les chevaliers.

Art. 3. Le grand-maître sera toujours le souverain. En cas de minorité ou d'empêchement de celui-ci, le régent du royaume en remplira les fonctions.

Art. 4. Le grand-commandeur sera toujours le prince héritier présomptif du trône.

Art. 5. Les grands-croix seront au nombre de huit, dont six portugais, et deux étrangers.

Art. 6. Les grands-officiers sont : le grand-commandeur, — le chancelier, — les alfères ; — les statuts fixeront leurs devoirs.

Art. 7. Le nombre des commandeurs sera de trente, dont vingt-cinq portugais et cinq étrangers.

Art. 8. Le nombre des officiers sera de cinquante, dont quarante nationaux et dix étrangers ; et celui des chevaliers, de soixante-dix, dont soixante portugais, et dix étrangers.

Art. 9. Quand il aura été pourvu à tous les grades et dignités de l'ordre, il ne pourra être conféré aux nationaux ni aux étrangers que dans le cas de vacance.

Art. 10. Le mérite personnel et signalé, et les services remarquables rendus aux sciences, aux lettres et aux beaux-arts, tant par l'enseignement public que par les œuvres littéraires et artistiques, constituent le seul titre pour lequel cette distinction puisse être conférée.

Art. 11. Tous les citoyens portugais, sans distinction de classe, ni de rang ou de profession, pourront obtenir cette distinction, pourvu qu'ils prouvent les qualités requises; la même règle sera observée à l'égard des étrangers dignes de recevoir cette récompense.

Art. 12. Après la première promotion, que je me réserve, pour constituer l'ordre ainsi réformé, la dignité de grand-croix ne sera jamais conférée qu'à un commandeur, celle de commandeur à un officier; et il en sera de même pour les promotions des officiers qui seront toujours choisis parmi les chevaliers.

Art. 13. La promotion d'un grade à un autre sera motivée, et il sera fait mention expresse des motifs qui auront déterminé cette nouvelle faveur, dans le diplôme qui la conférera.

Art. 14. S'il se présente pourtant des cas exceptionnels, et qu'en raison de services extraordinaires et éminents, il se trouve une personne à laquelle il y ait lieu de conférer le grade le plus élevé de l'ordre ou l'un des grades supérieurs, le grand-maître, par une dispense, donnera simultanément les grades inférieurs.

Art. 15. L'*Ordre de Saint-Jacques*, après avoir été accordé, sera toujours conféré par le grand-maître, en séance solennelle du chapitre général.

Les nouveaux membres pourront dans l'intervalle porter les insignes de leur grade ou dignité, en requérant du secrétaire les licences nécessaires.

Art. 16. Les grands-croix, les grands-officiers, les commandeurs, officiers et chevaliers de l'*Ordre de Saint-Jacques* ont droit à tous les honneurs, avantages et droits concédés aux mêmes grades et dignités des autres ordres portugais, selon les lois et les chartes en vigueur.

Art. 17. Eu égard aux circonstances particulières dans lesquelles se trouvent les personnes auxquelles les grades et dignités de l'*Ordre de Saint-Jacques* peuvent uniquement être conférés, j'ai trouvé bon de dispenser celles qui actuellement sont revêtues de cet ordre de toute preuve d'habilité, et d'ordonner qu'elles peuvent jouir dès à présent de tous les droits et priviléges qui y sont attachés.

Art. 18. Les insignes continueront à se porter comme aujourd'hui. Les coquilles porteront l'inscription suivante : *Sciences, lettres et arts*.

Art. 19. Les jours de Cour et de grand gala, les chevaliers et les officiers revêtiront les mêmes insignes, mais sous la forme de collier en chaînons d'argent, entrelacés de couronnes de laurier, de palmes et d'épées. Les grands-croix et les commandeurs porteront un collier semblable, en or. La croix, colliers et coquilles seront invariablement conformes aux modèles qui accompagnent les statuts, et ils seront déposés ensemble aux archives du royaume. (Pl. IX, n°s 6 et 7.)

(La plaque est semblable à celle de l'*Ordre du Christ*, sauf que le centre porte la croix de *Saint-Jacques*, entouré d'un cercle violet sur lequel est inscrite, en lettres d'or, la devise : *Sciencias, lettgras eartes*.)

Art. 20. Chaque année, le jour de la fête du patron de l'ordre, les grands-croix, commandeurs, officiers et chevaliers, assisteront, dans le temple qui leur sera indiqué, au chapitre solennel de l'ordre, présidé par le grand-maître. Dans cette solennité, le chancelier devra faire un rapport des collations et promotions qui auront été décernées depuis le chapitre précédent, en détaillant les services des nouveaux titulaires.

Article transitoire. Les grands-croix, commandeurs et chevaliers actuels de l'ancien *Ordre de Saint-Jacques*, qui auraient été nommés en récompense de services scientifiques, littéraires ou artistiques, expressément spécifiés, ou qui prouveront réunir les qualités requises par la présente charte, appartiendront de droit à l'ordre réformé.

Les autres membres de l'ordre ancien continueront à porter les insignes qu'ils possèdent, mais ils ne pourront profiter des nouvelles distinctions établies par les articles 18 et 19 de la présente charte.

PRUSSE.

ORDRE DE LA COURONNE ROYALE.

Cet ordre a été institué le 18 octobre 1861 par le roi de Prusse, qui a rendu le décret suivant :

Guillaume, etc.

Avons résolu de consacrer le souvenir de notre couronnement par la fondation d'un ordre qui portera le nom d'*Ordre de la Couronne royale*. Il se composera de quatre classes.

L'insigne consiste en une croix d'or, émaillée de blanc, bordée d'or. Le médaillon central porte, à l'avers, une couronne royale sur champ d'or mat ; il est bordé d'un ruban d'émail blanc, sur lequel est écrite, en caractères d'or, la devise de notre maison royale : *Gott mit uns* (Dieu avec nous). Au revers, se trouve relevé, sur fond d'or, notre chiffre couronné, entouré d'un ruban émaillé de bleu, portant, en lettres d'or, la date de la fondation.

Les chevaliers de première classe portent la croix suspendue à un ruban moiré, bleu foncé, large de quatre pouces, passé de l'épaule droite au côté gauche. De plus, sur le côté gauche de la poitrine, une étoile d'argent à huit pointes, au milieu de laquelle se répète la face du bijou. (Pl. X, n° 1.)

La deuxième classe se partage en deux sections, l'une avec, l'autre sans l'étoile.

La croix, un peu moindre que celle de la première classe, sera passée dans un ruban large de deux pouces, et porté au col. L'étoile, avec le même médaillon que la première classe, et portée de même, est à quatre pointes, forme losange, comme celle de l'*Aigle rouge*. (Pl. X, n° 2.)

PERSE. — PRUSSE. Pl. X.

Modèles fournis par LEMAITRE, fabr. d'Ordres français et étrangers, rue Coquillière, 40, Paris.

La croix de la troisième classe, d'une dimension moindre encore, est portée à la boutonnière par un ruban large d'un pouce et demi.

La quatrième classe porte aussi à la boutonnière une croix dorée, ayant sur les deux faces le médaillon émaillé de l'ordre.

Cette décoration est compatible avec celle de tous les autres ordres.

Le rang de cet ordre est égal à celui de l'*Aigle rouge*. Mais dans la première et la deuxième classe, la plaque de l'ordre qui aura été conférée la première sera fixée au-dessus de l'autre, et le grand-cordon passé sous l'habit.

Aux grands-croix de l'*Aigle rouge*, la croix de la *Couronne* sera suspendue au col, et la plaque fixée au-dessus de celle de l'*Aigle rouge*.

La plaque de première classe de l'*Ordre de la Couronne* sera fixée au-dessous de la plaque de l'*Aigle noire*, et la croix suspendue au col.

ORDRE DE LA MAISON DE HOHENZOLLERN.

Un décret du roi de Prusse, daté du 18 octobre 1861, a donné plus d'extension à cet ordre, fondé le 23 août 1851 par le roi son frère.

Le grade des grands-commandeurs et celui des commandeurs sont dédoublés.

La première classe des grands-commandeurs portera, au côté gauche de l'habit, une étoile d'argent à huit pointes, chargée au centre de la croix de l'ordre, sans couronne.

La première classe des commandeurs portera, au côté droit, une étoile d'argent, pareille à celle des grands-commandeurs, mais à six pointes seulement.

La croix actuelle, et l'aigle d'argent, formeront la quatrième classe.

Les possesseurs actuels de la croix d'argent et de l'aigle d'argent, sont déclarés de la quatrième classe de l'ordre qui, en conséquence, se composera dorénavant des quatre classes suivantes :

Grands-commandeurs : *a*. avec l'étoile, *b*. croix de grand-commandeur, ou aigle de grand-commandeur; — commandeurs : *a*. avec plaque, *b*. croix ou aigle de commandeur; — chevaliers : croix ou aigle de chevalier; — décorés : croix ou aigle de décoré.

IX.

La plaque de grand-commandeur, ou de commandeur, est compatible avec la décoration des autres ordres; mais elle est attachée au-dessous de celle de l'*Aigle noire*.

L'étoile de grand-commandeur est conférée après la collation de l'*Aigle noire*.

ORDRE DE LOUISE.

Par décret du 30 octobre 1865, le roi Guillaume a donné une plus grande extension à cet ordre, réservé spécialement aux dames.

Les anciens statuts, du 3 août 1814, restent la base immuable de l'ordre; mais à l'avenir, la décoration qui y est établie en reconnaissance des mérites éminents des dames, pour les soins rendus à des soldats blessés ou malades, portera, au revers de l'écu, le millésime de la guerre pendant laquelle la décoration aura été acquise.

La deuxième division de l'ordre sera décernée à des dames qui, par une noble abnégation, fourniront un modèle honorable, non-seulement par des mérites distingués, en soignant les malades en général, alors même que ce serait leur vocation, mais aussi par d'autres actions magnanimes et méritoires pendant la guerre ou en temps de paix; nommément à celles qui, en complet désintéressement et par pur amour du prochain, se seront distinguées par des actions ou des collectes pour les besoins des troupes en campagne; de leurs parents ainsi que des survivants de ceux qui sont morts sur le champ de bataille; ou bien enfin, qui se seront distinguées avec succès et auront donné des preuves de leur patriotisme, à l'occasion d'accidents extraordinaires, de disette, d'épidémie, et d'autres calamités publiques.

La décoration de cette deuxième division se subdivisera en deux classes. L'insigne de la première consiste en une croix pareille à celle qui a existé jusqu'à présent, toutefois elle sera ornée d'argent au lieu d'or. Comme marque de distinction extraordinaire, la décoration pourra être accordée, surmontée d'une couronne d'or ou d'argent.

L'insigne de la deuxième classe consiste en une croix d'argent avec le médaillon, en émail, de l'*Ordre de Louise* existant.

Les croix des deux classes seront portées à un nœud du cordon de l'*Ordre de Hohenzollern*, et auront, au revers de l'écu, le millésime de 1865; mais au cas de concession pour des actions méritoires en temps de guerre, elles auront le millésime de la guerre dans laquelle l'ordre a été acquis.

Le chapitre de l'ordre pour la deuxième division se composera de dames de cette même division.

CROIX DE DUPPEL.

Cette croix, en bronze, créée en 1864 par le roi de Prusse, a été accordée à tous les généraux, officiers, sous-officiers et soldats qui ont pris une part active à l'assaut de Duppel, lors de la campagne de Danemark. Elle se porte à un ruban moiré bleu, avec une bordure noire et blanche.

MÉDAILLE POUR LA CAMPAGNE DE DANEMARK.

Cette médaille a été créée le 10 novembre 1864, par le roi de Prusse, de concert avec son allié, l'empereur d'Autriche, en mémoire de la guerre contre le Danemark, pour le Schleswig-Holstein.

Elle est faite, pour les combattants, du bronze des canons pris aux Danois; pour les non-combattants, elle est en acier. Sur un des côtés, elle porte le chiffre des deux souverains, avec leurs couronnes placées au-dessus. De l'autre côté, l'inscription : *A nos braves guerriers*. 1864, entourée d'une couronne de laurier. Pour les non-combattants, ce côté ne porte que le millésime dans une couronne de chêne.

Cette médaille se porte sur la poitrine, attachée à un ruban noir, avec une raie transversale blanche et une jaune.

Elle a été donnée à tous ceux qui ont fait partie de l'expédition de terre, ainsi qu'aux équipages des flottes formées dans la Baltique et dans la mer du Nord, à l'occasion de la guerre danoise.

CROIX COMMÉMORATIVE.

En mémoire des succès obtenus par l'armée prussienne, pendant la dernière guerre contre l'Autriche, le roi Guillaume a créé, en 1866, une *Croix commémorative* qui a été donnée à tous les officiers, fonctionnaires, sous-officiers et soldats qui ont pris part à un combat dans cette campagne, ou qui ont passé dans des buts militaires, avant le 2 août 1866, les frontières d'un pays en guerre avec la Prusse.

Cette croix est en bronze, faite, pour les combattants, du bronze des canons pris à l'ennemi, et, pour les non-combattants, en bronze oxydé ordinaire. Entre les deux bras de la croix s'étend de chaque côté une couronne de feuilles de laurier, pour les combattants, et de feuilles de chêne, pour les non-combattants. La plaque du milieu porte sur le devant le chiffre royal, avec l'inscription : *Dieu avec nous; à lui l'honneur*. Sur le côté opposé est l'aigle royale sur un canon. Les bras portent, pour la partie de l'armée qui a assisté à la bataille de Kœniggrætz, l'inscription : *Kœniggrætz, le 3 juillet 1866.* (Pl. X, n° 3.)

Pour la partie de l'armée qui a opéré en Thuringe et dans l'Allemagne méridionale, l'inscription porte : *A l'armée du Mein.* — 1866.

Enfin, aux troupes qui n'ont pas fait partie de l'armée du Mein, l'inscription est : *A de fidèles guerriers.* — 1866.

Cette décoration est portée sur la poitrine : par les combattants, à un ruban noir avec bordure blanche et orange; par les non-combattants, attachée à un ruban blanc avec bordure orange et noire.

PERSE.

ORDRE DU LION ET SOLEIL.

L'organisation régulière qui existe depuis environ douze ans dans les ordres de Perse date de l'ambassade de S. E. Ferruk-khan à Paris. Elle est due en grande partie à l'intervention de S. E. M. Bourrée, ambassadeur de France à Constantinople, qui amena cette première ambassade en France.

S. E. Ferruk-khan, s'emparant de l'organisation de l'ordre de la *Légion d'honneur*, résolut de créer cinq classes différentes et leur donna la dénomination des divers grades de cet ordre.

La première classe consiste aujourd'hui en une plaque à huit rayons d'argent, brillantés, portant au centre, entourée d'un triple rang de perles, l'image du *Lion et Soleil* de Perse, sur fond transparent. Chaque rayon d'argent est séparé par un léger filet d'émail vert. Cette plaque se porte sur le côté gauche de la poitrine; elle est accompagnée d'un nichan de troisième classe, suspendu à un ruban vert, passé en écharpe de l'épaule droite au côté gauche. (Pl. X, n°s 4 et 5.)

La deuxième classe (grands-officiers) consiste en une plaque à sept rayons d'argent, brillantés, surmontés chacun d'une étoile. Au centre est l'image du lion, entourée d'un double rang de perles. Cette plaque se porte au côté droit de la poitrine. Elle est accompagnée du nichan de quatrième classe, porté en sautoir à un ruban vert.

La troisième classe (commandeurs) consiste en un nichan à six branches ou rayons d'argent, séparés les uns des autres par un filet d'émail vert. Au centre l'image du lion, entourée de deux rangs de perles d'argent, brillantées. Ce nichan est surmonté, comme celui de la troisième classe, d'un soleil de même. Cette décoration est portée en sautoir.

La quatrième classe (officiers) consiste en un nichan d'un modèle plus petit, à cinq branches ou rayons d'argent, brillantés. Au centre, le lion entouré d'un seul rang de perles brillantées. Il est surmonté d'un soleil semblable à celui de la troisième classe, et se porte à la boutonnière.

La cinquième classe (chevaliers) consiste en un nichan de même module que le précédent, mais sans soleil. Il est surmonté d'un simple anneau et se porte à la boutonnière.

Outre l'ordre ci-dessus, il existe en Perse une certaine quantité de décorations, spéciales aux nationaux, qui n'ont aucun intérêt pour nous. Il existe aussi une décoration spéciale pour les souverains. Elle se donne généralement en brillants. S. M. l'empereur Napoléon III reçut cette décoration à l'époque de la première ambassade de Ferruk-khan. Il fut aussi distribué, à cette époque, une décoration spéciale à plusieurs hauts dignitaires français. Depuis lors, cette distinction particulière n'a plus été conférée, que nous sachions.

RUSSIE. SUÈDE.   Pl. XI.

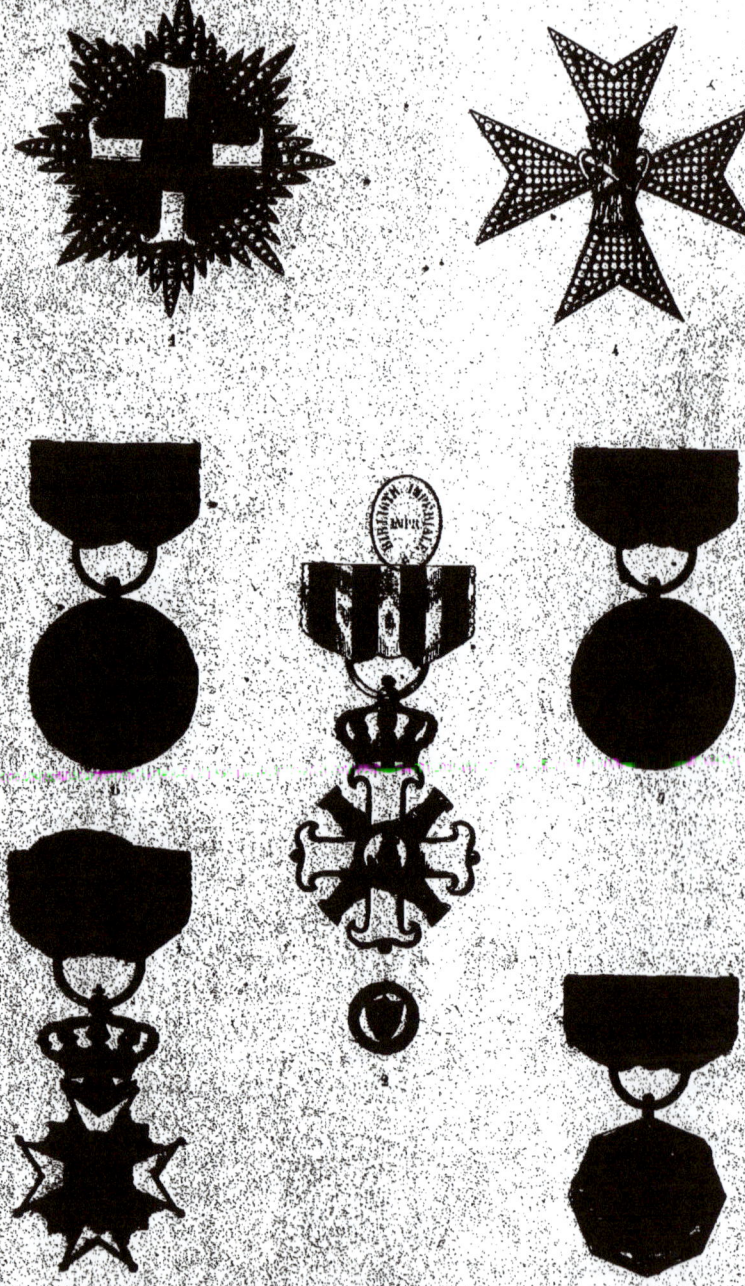

RUSSIE.

MÉDAILLES ET MARQUES D'HONNEUR.

Médaille pour la guerre de Hongrie.

Cette médaille, créée en 1849 par l'empereur Nicolas, a été distribuée aux troupes qui ont fait la campagne de Hongrie.

Elle est en argent et porte, d'un côté, les armes de l'empire surmontées d'un triangle, symbole de la Providence, versant un rayon de gloire sur l'aigle russe. Elles sont entourées de cette légende en vieux slavon : *O vous, païens, écoutez, et soumettez-vous, car Dieu est avec nous.* L'inscription du revers, en russe moderne, porte : *Pour la pacification de la Hongrie et de la Transylvanie en 1849.*

Le ruban est celui de l'*Ordre de Saint-Wladimir*, rouge et noir.

Médaille pour la guerre de Crimée.

Distribuée aux troupes de terre et de mer qui ont combattu dans cette guerre, cette médaille porte à la face le double chiffre des empereurs Nicolas et Alexandre, avec ces dates : 1853, 1854, 1855, 1856. Au revers on lit en caractères russes : *J'espère en toi, mon Dieu! Soyez toujours glorieux.* (Pl. XI; n° 6.)

Médaille de Sébastopol.

Distribuée aux héroïques défenseurs de Sébastopol pour consacrer leur glorieuse résistance, lors du mémorable siége qu'ils soutinrent contre les armées alliées. Cette décoration est en bronze; d'un côté est le chiffre des deux empereurs, et de l'autre cette inscription en russe : *Pour la défense de Sébastopol, depuis le 13 septembre 1854 jusqu'au 28 août 1855.* (Pl. XI, n° 7.)

Médaille pour la guerre du Caucase.

Cette médaille est en bronze et porte, d'un côté, l'effigie de l'empereur Alexandre II, et de l'autre, l'inscription suivante, en langue russe : *Pour la conquête du pays de l'Est.*

Il existe également une plaque en métal oxydé, de forme carrée, à quatre branches; dans les angles se trouvent des glaives d'or. Au centre se trouve l'aigle russe. Elle s'agraffe sur la poitrine.

Médaille pour la guerre du Daghestan.

En bronze. A la face on voit l'effigie d'Alexandre II; au revers, en russe : *Pour la conquête de Tcheschny et du Daghestan.* — 1857-1859.

Médaillle pour la répression de l'insurrection polonaise.

Instituée en souvenir de la répression de l'insurrection polonaise en 1863 et 1864, cette médaille représente, d'un côté, l'Aigle russe, et porte de l'autre cette inscription : *Pour la répression de l'insurrection de Pologne.* — 1863-1864. Le ruban est noir, orange et blanc.

Elle est de deux sortes : l'une en bronze clair, l'autre en bronze foncé. Ont droit à la première, tous ceux qui ont pris part aux opérations militaires contre les insurgés polonais dans le royaume de Pologne et dans les provinces occidentales, de même que ceux qui, sans avoir pris une part directe aux opérations militaires, se trouvaient, pendant l'insurrection, près des troupes employées à la répression, pour l'accomplissement d'autres devoirs.

La seconde médaille a été conférée par les chefs militaires en Pologne, suivant leur appréciation : *a.* aux employés de l'administration, tant militaire que civile, ayant pris une part notoirement utile aux dispositions administratives dirigées contre l'insurrection; *b.* aux prêtres de toutes les confessions qui ont activement contribué à la suppression de la révolte; *c.* aux paysans qui ont fait partie des gardes rurales dans les provinces occidentales; *d.* aux soldats en retraite, et aux personnes d'autre condition qui, pendant l'insurrection, ont déjà reçu du gouvernement des récompenses pour leur fidélité.

MÉDAILLES POUR L'ÉMANCIPATION DES SERFS.

Deux médailles ont été frappées en 1865, afin de perpétuer le souvenir de l'affranchissement des serfs russes et polonais.

La première porte, d'un côté, l'effigie de l'empereur Alexandre II, et le mot : *Merci*, en exergue ; de l'autre, on lit : *Pour les travaux de l'affranchissement des serfs.*

La seconde, à l'effigie des empereurs Nicolas et Alexandre, porte, au revers : *Pour le bien-être des serfs dans le royaume de Pologne.*

Il y a, en outre, une plaque en argent, à quatre branches. Sur ces branches sont inscrites la date de l'affranchissement et celle à laquelle cette distinction a été conférée. Elle s'attache sur la poitrine, sans ruban.

MÉDAILLE D'ASSIDUITÉ.

Cette décoration est destinée à récompenser les loyaux et anciens services. Elle porte, d'un côté, en russe, le mot : *Assiduité*, et du côté opposé cette inscription : *Alexandre II, empereur et monarque de toutes les Russies.*

MÉDAILLE DE NINA.

Cette décoration est destinée à rémunérer des actes de bienfaisance et de charité. Elle est en argent, et s'attache sur la poitrine, suspendue à un ruban rouge-amarante.

SAINT-MARIN.

ORDRE ÉQUESTRE DE SAINT-MARIN.

Cet ordre a été créé en 1859. Voici la traduction des statuts, tels qu'ils ont été publiés :

RÉPUBLIQUE DE SAINT-MARIN.

Le conseil souverain de la république de Saint-Marin, arrivé au quinzième siècle de sa fondation, sous la régence de Julien Bellucci et de Michel Ceccoli, dans les comices généraux du 13 août de l'an de notre salut 1859 ;

Plein de la plus vive reconnaissance envers la providence de Dieu, envers Marin, le saint auteur de la république, envers les souverains qui ont favorisé la république de leur bienveillance ;

Sentant la nécessité de se montrer reconnaissant envers les personnes qui ont coopéré efficacement au salut et à l'honneur de la république, ou qui ont bien mérité de l'humanité, des sciences et des arts ;

A décrété :

Art. 1er. Il est institué à l'honneur et à la gloire de Dieu, un *Ordre civil et militaire* sous l'invocation de *Saint-Marin*, patron de la république.

Art. 2. L'ordre a cinq grades, savoir : Chevalier grand-croix, — chevalier grand-officier, — chevalier officier-major, — chevalier-officier, — chevalier.

Art. 3. Le droit de conférer l'ordre est réservé au conseil souverain.

Art. 4. Les trois grades supérieurs sont destinés spécialement à récompenser les services signalés rendus à la république ; les deux derniers, à récompenser les services signalés rendus à l'humanité, aux sciences et aux arts.

Art. 5. Régulièrement, le premier grade est réservé aux souverains, aux membres des familles régnantes, aux hauts fonctionnaires; extraordinairement, à ceux qui, par des services hors ligne, ont hautement mérité cette distinction.

Ordinairement, le second grade se confère aux diplomates et officiers-généraux.

Le troisième peut être distribué à toute autre classe de personnes.

Art. 6. Le quatrième et le cinquième grade sont conférés suivant les mérites, pour les motifs exprimés dans le paragraphe final de l'art. 4.

Art. 7. La régence, en présentant au conseil souverain les individus à décorer, a l'obligation de présenter, en même temps, un mémoire écrit, qui doit être inséré au procès-verbal de la séance. Dans ce mémoire, après avoir constaté la position sociale de l'individu, on rendra un compte détaillé : 1° des mérites personnels qui le distinguent; 2° de l'importance de ses mérites envers la république, ou de l'étendue des services qu'il a rendus à l'humanité, aux sciences et aux arts. Après cela, le conseil souverain n'entre pas immédiatement en délibération, mais il statue à la séance prochaine, en suivant les règles qui président aux délibérations du conseil.

Art. 8. La régence ne pourra faire lire au souverain conseil les pétitions ou mémoires adressés pour obtenir l'admission dans l'ordre, soit par les pétitionnaires ou par d'autres, que dans la séance indiquée à l'article précédent.

Art. 9. Le diplôme sera signé par les régents, le secrétaire de l'intérieur et celui des affaires étrangères.

Art. 10. La croix de l'ordre est d'or, émaillée de blanc; les branches bifurquées, pommetées d'or au centre; cantonnée de quatre tours d'or; chargée d'un écusson rond, cerclé d'azur, portant, d'un côté, au centre, l'effigie de saint Marin, et cette inscription : *Saint Marin, patron;* de l'autre, les armes de l'État, et l'inscription : *Au mérite civil* (ou *militaire*), en cercle; sommée d'une couronne fermée, d'or, et pendue à un ruban de soie moirée, à quatre raies bleues et trois blanches, liséré de blanc. (Pl. XI, n° 2.)

La croix du premier grade a le diamètre de 60 millimètres. Elle se suspend à un ruban large de 100 mill., passé en écharpe de droite à gauche; du deuxième et du troisième grade, diamètre de 45 mill., suspendue à un ruban large de 55 mill., passé en sautoir; de quatrième et du cinquième grade, diamètre de 35 mill., attachée à la gauche de la poitrine par un ruban de 40 mill. Celui du quatrième forme rosette.

Les chevaliers grands-croix porteront une plaque de 80 millimètres, composée de la croix blanche, chargée d'un écusson d'azur, avec l'inscription : *Relinquo vos liberos ab utroque homine;* les branches reliées d'une guirlande de chêne et d'olivier, émaillées blanc; la croix posée sur quatre faisceaux de rayons d'or, à pointe de diamant, alternée de quatre faisceaux d'argent, cannelés et pommétés. Les grands-officiers portent la même plaque, mais du module de 65 mill. (Pl. XI, n° 1.)

Art. 11. Il est permis aux chevaliers de porter à la boutonnière une petite croix de vingt millimètres, pareille à la grande, attachée à une chaînette d'or, ou au ruban.

Art. 12. Tous les décorés, sans préjudice du grade effectif ou honoraire qu'ils ont ou pourront avoir, dans les milices de Saint-Marin, peuvent, suivant leur rang dans l'ordre, revêtir l'uniforme de général, colonel, lieutenant-colonel, major ou capitaine, avec cette différence, qu'ils ne prendront point l'écharpe, et au lieu de paroments de drap blanc, des parements de velours de soie blanche, avec broderie en or, représentant une couronne de feuilles d'olivier et de chêne.

Art. 13. La dégradation ou la suspension est encourue d'après les règles prescrites par le *Code pénal* (Art. 218 et suivants), même quand le délit aura été commis et condamné à l'étranger. La régence, à cette fin, devra présenter au conseil souverain une proposition rédigée par l'avocat fiscal.

Art. 14. Le diplôme est expédié gratuitement. Le souverain conseil, quand il voudra donner un témoignage particulier d'affection, en cas de services extraordinaires, joindra au diplôme le don de la croix, et le fait sera mentionné au diplôme.

Une médaille est jointe à l'ordre. Elle sert comme médaille de mérite et comme médaille d'ancienneté. Dans le premier cas elle porte le mot *Merito,* au revers. Dans le second, le mot *Anzianita.* (Pl. XI, n° 3.)

SAXE ROYALE.

ORDRE D'ALBERT LE VALEUREUX.

Un décret du 28 mars 1858 donne à la petite croix, formant la cinquième classe de l'ordre, la dénomination de : *Croix d'honneur de l'ordre d'Albert;* et les dispositions qui concernent la *Petite croix* sont applicables à la *Croix d'honneur*.

En vertu d'un autre décret du 20 mars 1862, la médaille annexée à l'ordre peut être décernée en or aussi bien qu'en argent.

Les décorés forment la sixième classe de l'ordre.

La médaille présente aussi, à la face, l'effigie du fondateur de la branche *Albertine,* le duc Albert le Valeureux, et au revers, le chiffre royal *J,* au centre d'un crancelin de rue. Elle se porte à la boutonnière, suspendue au ruban de l'ordre, mais un peu plus étroit.

Les titulaires reçoivent un arrêté signé du roi, avec le contre-seing du chancelier.

En cas de décès ou de promotion, les insignes du grade déjà reçu doivent être renvoyés à la chancellerie.

Les dispositions de l'art. 9 des statuts sont applicables aux décorés de la médaille.

ORDRE DU MÉRITE.

Par suite de nouveaux amendements apportés aux statuts de cet ordre, le 18 mai 1854, la petite croix de la cinquième classe porte maintenant la dénomination de *Croix d'honneur de l'Ordre du Mérite*.

En cas de promotion, les insignes du grade déjà reçu, aussi bien que la médaille, doivent être renvoyés à la chancellerie de l'ordre.

SUÈDE.

ORDRES DE L'ÉPÉE ET DE L'ÉTOILE POLAIRE.

Les changements suivants ont été introduits dans ces deux ordres :
Les commandeurs, nommés à dater du 27 avril 1860, portent avec la croix actuelle en sautoir, sur le côté gauche de la poitrine, une plaque pareille à celle des commandeurs grands-croix, mais de moindre grandeur, et sans marque de séparation entre les pointes.

Les commandeurs d'une date antérieure auront la faculté d'adopter la nouvelle décoration. Dans ce cas, les commandeurs de l'*Ordre de l'Épée*, nommés avant le 14 octobre 1844, devront cesser de porter le grand-cordon par-dessus l'épaule, et porteront en place la croix de commandeur, en sautoir.

ORDRE DE WASA.

L'insigne a été modifié. Pour les chevaliers, c'est une croix d'or, émaillée blanc, surmontée d'une couronne royale, et ayant au centre l'ancienne décoration en miniature ; les branches reliées par une petite couronne. Pour les commandeurs, une croix pareille, mais de plus grande dimension, et sur le côté gauche de la poitrine, une plaque moindre que celle de grand-croix. (Pl. XI, n°s 4 et 5.)

Les commandeurs grands-croix conservent la plaque et le cordon vert, auquel sera suspendue la nouvelle croix de commandeur.

Les membres de l'ordre nommés avant le 27 avril 1860 auront la faculté de conserver leur ancienne décoration. S'ils acceptent la nouvelle, les chevaliers doivent porter la croix à la boutonnière.

TERRE-SAINTE.

ORDRE DU SAINT-SÉPULCRE.

Le pape Pie IX, par les Lettres Apostoliques suivantes, a confirmé au patriarche latin de Jérusalem le privilége de conférer l'ancien *Ordre du Saint-Sépulcre*, en a déterminé les insignes, et réglé la manière de les porter, ainsi que le costume.

Pius, PP. IX.

Les pontifes, nos prédécesseurs, ont sagement fondé de nombreuses institutions dans l'intérêt de notre très-sainte religion. Surtout ils ont voulu, en établissant et en décernant des honneurs et des récompenses à la vertu, enflammer les catholiques à bien mériter de la république chrétienne avec un zèle toujours nouveau. Nous, inspiré par ces beaux modèles, nous avons jugé qu'il était de notre ministère apostolique d'y consacrer aussi tous nos soins, surtout en cet âge fécond en crimes et en grandes vertus qui ont, au loin et au large, répandu leur splendeur. Aussi Nous, qui, dès les premières années de notre pontificat, avons, en vertu de notre autorité apostolique, créé l'*Ordre de Pie*, actuellement fixons-nous volontiers notre attention à augmenter et décorer d'un nouveau lustre l'*Ordre équestre du Saint-Sépulcre*, dans la confiance de l'utilité qui en résultera pour la religion catholique dans les saintes terres de la Palestine. Car cet ordre, recommandé par l'antiquité de son origine, favorisé ensuite de l'autorité et des soins de nos prédécesseurs, a, d'après son institution, surtout pour but d'exciter le zèle à défendre et à propager la religion catholique dans les lieux de la Terre-Sainte, et à récompenser les services d'un honneur mérité. Car des monuments d'une foi certaine nous assurent que, dès le quinzième siècle de l'ère chrétienne, le Gardien de la famille religieuse des *Mineurs de l'Observance*, établie à Jérusalem, admit, par concession apostolique, dans l'*Ordre équestre du Saint-Sépulcre*, des hommes qui avaient bien mérité de la religion, et que, dès cette époque, ont été en vigueur, déjà, les lois et statuts généraux relatifs aux chevaliers de cet ordre, qui, par notre prédécesseur Benoît XIV, d'heureuse mémoire, en vertu des bulles de 1756, *In supremo militantis ecclesiæ*, ont été renouvelés et renforcés de lois et prescriptions nouvelles. Nous, donc, considérant la dignité de cet ordre équestre, nous avons, par des lettres en date du 10 décembre 1847, émanant de notre congrégation de la Propagande, et sanctionnées par notre autorité, arrêté certaines résolutions relatives à l'administration du patriarche latin de Jérusalem; et la même année, nous avons restauré l'exercice de la juridiction de ce patriarche, et lui avons transféré le droit de nommer les chevaliers du *Saint-Sépulcre*, de sorte que désormais, en qualité de légitime administrateur et recteur de cet ordre, par délégation et au nom du Siège Apostolique, il peut conférer la dignité de chevalier.

Cette administration et le régime de l'ordre ayant été ainsi constitués par notre autorité, nous avons compris ensuite que de nouvelles mesures étaient à prendre pour sa plus grande splendeur. Car, dans les derniers temps, notre vénérable frère Joseph Valerga, patriarche latin de l'Église de Jérusalem, nous a fait exposer que, comme dès l'origine il n'y a eu qu'un grade dans l'*Ordre du Saint-Sépulcre*, il en résulte nécessairement qu'on ne peut mettre dans les récompenses à décerner la distinction que recommande souvent la différence de mérites et la supériorité de condition; et qu'il s'ensuit que l'honneur doit être réservé au petit nombre, ou, si la gloire en est communiquée à la foule, il ne soit déprécié aux yeux des hommes d'un mérite ou d'un rang supérieur. A ces causes, le même vénérable frère, afin d'apporter un remède à ce vice, nous a supplié de partager en trois classes de chevaliers l'*Ordre du Saint-Sépulcre*.

En conséquence, voulant condescendre aux sollicitations du même vénérable frère, nous avons chargé trois vénérables frères, cardinaux de la sainte Église romaine, d'examiner la chose et de nous soumettre leur opinion. Or, ayant pris connaissance de l'avis de ces cardinaux, qui ont jugé qu'il fallait accueillir la demande du vénérable frère le patriarche de Jérusalem, Nous, toutes choses mûrement pesées, en vertu de notre autorité apostolique, nous avons statué par la teneur des présentes et décrétons que désormais l'*Ordre équestre du Saint-Sépulcre* sera divisé en trois classes, savoir: Chevaliers de première classe, ou grands-croix, — chevaliers de deuxième classe, ou commandeurs, — chevaliers de troisième classe, — qui tous devront porter l'insigne de l'ordre, avec les marques distinctives de leur grade.

L'insigne de l'ordre, suivant l'usage ancien, sera la croix qui a reçu son nom de Godefroid de Bouillon, ce chef illustre de la grande croisade pour le recouvrement de la Terre-Sainte, savoir: Une croix d'or, émaillée de rouge, accompagnée entre chaque branche d'une moindre croix du même émail. La grande-croix seule est potencée. Des motifs de religion commandent que la croix ne soit pas surmontée d'une couronne, en mémoire de ce héros pieux, qui ne voulut pas ceindre le diadème royal, là où le Christ avait paru ceint de la couronne d'épines. Le ruban, auquel la croix est suspendue, sera noir moiré, tel qu'il a été jusqu'ici. Les chevaliers de première classe porteront leur insigne attaché au ruban, passé de l'épaule droite à la hanche gauche. De plus, nous accordons aux membres de cette classe, à l'instar des grands-croix des autres ordres, le privilège de porter au côté gauche une plaque en argent, représentant la décoration. Les chevaliers de deuxième classe, ou commandeurs, porteront l'insigne, d'un module égal, au même ruban passé au col. Enfin, les chevaliers de troisième classe porteront l'insigne, d'un module moindre, attaché au côté gauche de la poitrine, suivant l'usage habituel des chevaliers. Mais comme, d'après l'institution, les chevaliers du *Saint-Sépulcre* revêtent un habit de couleur blanche, nous voulons que les ornements de l'habit diffèrent selon les grades, conformément au modèle qui sera délivré aux chevaliers lors de leur admission.

Nous comptons que les hommes distingués seront encouragés à rendre les plus grands services à la religion dans les lieux de la Terre-Sainte, et que tous ceux qui seront décorés de ces insignes ajouteront par leur vertu du lustre et de l'éclat à la dignité de l'ordre.

Nous confirmons au vénérable frère, le patriarche de Jérusalem, du rite latin, et à ses successeurs, le droit de nommer et d'instituer les chevaliers, dans l'assurance que la dignité et l'honneur de l'ordre seront toujours de grand prix aux yeux de tous, ne fût-ce que parce que les insignes sont conférés par une délégation spéciale du Siége apostolique et en son nom.

Nous voulons que le patriarche latin de Jérusalem, et son successeur, en confèrent les insignes en suivant exactement la règle et les prescriptions que, sanctionnées par notre autorité, nous avons prescrites audit patriarche, par notre secrétaire des brefs.

Nous avons voulu et statué ces points, nonobstant, en tant que de besoin, la règle de notre chancellerie et de la chancellerie apostolique « *de jure quæsito non tollendo*, » nonobstant les statuts et coutumes corroborés par le serment dudit ordre et la confirmation apostolique, et les autres constitutions et règlements apostoliques, même dignes d'une mention spéciale, et toutes autres choses contraires quelconques.

Donné à Rome, auprès de Saint-Pierre, sous l'anneau du pêcheur, le 24 janvier 1865, de notre pontificat le vingt-deuxième.

(L. S.)   N. Card. PARACCIANI CLARETTI.

TUNIS.

ORDRE DE TUNIS.

Le bey de Tunis, prédécesseur du bey actuel, voulant réaliser certaines économies, résolut d'abolir l'ancienne décoration, ou *Nichan*, qui était ornée de pierres précieuses et qui revenait, relativement, à un prix assez élevé, et de la remplacer par un nichan d'un modèle nouveau, qui pût s'exécuter dans des conditions moins onéreuses pour le Trésor. On copia, en partie, les cinq classes de l'*Ordre de la Légion d'honneur*, mais il n'a jamais été publié aucun document relatif aux statuts de cet ordre.

Le nouveau nichan consiste en une étoile à dix branches, émaillées alternativement de rouge et de vert, avec des rayons brillantés dans les angles. Au centre se trouve, sur fond vert, le chiffre du bey en argent brillanté comme les rayons. La décoration est surmontée d'un nœud en argent ciselé. (Pl. XII, n° 2.)

L'ordre se divise en cinq classes, dont la première est considérée comme une classe spéciale, et reste en dehors des grades ordinaires.

La première classe (grands-cordons) consiste en la décoration que nous avons décrite plus haut, suspendue à un ruban vert d'eau, avec deux étroits lisérés rouges, passé en écharpe de l'épaule gauche au côté droit. De plus, une plaque de même forme que le nichan et brillantée partout, à l'instar de la *Légion d'honneur*; les émaux de la croix sont remplacés dans la plaque par le brillanté sur argent. (Pl. XII, n° 1.)

La deuxième classe (grands-officiers) porte la plaque seule sur la droite de la poitrine.

La troisième classe (commandeurs) porte le nichan en sautoir.

La quatrième (officiers) à la boutonnière.

La cinquième (chevaliers) du même module que celle d'officier, mais non émaillée et entièrement en argent brillanté.

TUNIS. — TURQUIE. — MONTENEGRO.

Modèles fournis par LEMAITRE, fabr. d'Ordres français et étrangers, rue Coquillière, 40, Paris.

TURQUIE.

ORDRE DE L'OSMANIÉ.

Le sultan Abdul-Azis, lors de son avénement au trône, institua la décoration de l'*Osmanié* pour récompenser des services importants rendus à l'État.

Cet ordre fut d'abord divisé en trois classes, et le bijou avait à peu près la forme du *Medjidié*. Plus tard, les insignes furent complétement modifiés et on y ajouta une quatrième classe.

L'*Osmanié* est conféré aux militaires pour des services signalés durant la guerre; mais en temps de paix, les militaires, pour en être décorés, devront compter au moins vingt ans de services. La même règle sera suivie par rapport aux employés civils. En outre, personne ne pourra recevoir la décoration de l'*Osmanié* de première classe, s'il n'a déjà reçu le *Medjidié* de la même classe.

La décoration consiste en une étoile à six pointes, en or émaillé de vert, avec des rayons d'argent brillantés dans les angles. Au centre, sur fond d'émail rouge, et entourés d'un cercle vert, se trouvent, inscrits en lettres d'or, et en langue turque, ces mots : *Le soutenu, par la grâce de notre Seigneur Abd-ul-Azis Kan, souverain de l'empire ottoman. Signe de mérite exemplaire.* Elle est surmontée d'un croissant en or mat. Au revers sont représentées les armes de l'empire, en or pour les trois premières classes, en argent pour la quatrième. (Pl. XII, n° 4.)

La plaque consiste en une étoile à huit branches d'argent, brillantées, portant, au centre, la même légende. (Pl. XII, n° 3.)

Le ruban (le contraire du *Medjidié*) est vert avec deux lisérés rouges.

Les décorés de la première classe portent le bijou suspendu à un large ruban passé en écharpe de l'épaule droite au côté gauche, et la plaque. Ceux de la seconde classe le portent au col, et ont également la plaque sur le côté gauche de la poitrine. La troisième, de même, mais sans plaque. Les décorés de la quatrième classe, à la boutonnière.

Chaque décoration sera accompagnée d'un *berat* impérial, et elle ne pourra être portée avant la réception de ce diplôme.

ORDRE DU MEDJIDIÉ.

Le sultan Abdul-Azis, dans son voyage à Paris, en 1867, résolut d'adopter le ruban de grand-cordon pour cet ordre, dans lequel il n'existait pas.

En conséquence, la première classe se porte actuellement au ruban passé en écharpe, de droite à gauche. Les autres grades continuent à se porter comme auparavant, c'est-à-dire, le deuxième et le troisième au col, le quatrième et le cinquième sur la gauche de la poitrine.

MÉDAILLE DE SILISTRIE.

Le sultan a créé, en 1855, une médaille spéciale afin de récompenser les troupes qui ont concouru à la défense de Silistrie, assiégée par les Russes. Cette médaille est en argent et porte, à sa face, l'image d'une forteresse. Elle est surmontée d'un médaillon en pierres vertes, et d'un anneau par lequel elle s'attache sur la poitrine.

MÉDAILLE DE CRIMÉE.

A l'instar de la médaille sarde de *Valeur militaire,* le sultan Abdul-Medjid a créé une *Médaille turque de Crimée.* Elle est d'argent et se porte attachée sur la poitrine au même ruban que le *Medjidié*, rouge, liséré de vert.

A la face est un faisceau des drapeaux alliés, surmontant un canon dont les roues foulent l'étendard russe. Au revers, est gravé le chiffre du sultan.

ADDITIONS ET CHANGEMENTS.

ORDRE DU SAUVEUR, DE GRÈCE.

A la chute d'Othon, les milieux de la croix contenant l'effigie du roi, et au revers, la croix grecque chargée de l'écusson de Bavière, furent supprimés et remplacés par une tête de Christ, byzantine, en couleurs naturelles. Au revers, la croix grecque seule, sur écusson bleu. Autour de la tête on lit ces mots en grec : *Seigneur, ta main droite a été glorifiée dans sa force.* Au revers : *La quatrième assemblée nationale des Grecs, tenue à Argos.* — 1829.

La plaque porte également la figure du Christ.

ORDRE DE L'INDÉPENDANCE, DE MONTENEGRO.

Cet ordre a été institué par le prince Danielo Ier, afin de perpétuer le souvenir de l'indépendance du Montenegro. Il est composé de trois classes : Grands-croix, — commandeurs, — chevaliers.

La croix de chevalier est émaillée noir, entre deux filets argent. Au centre, sur fond rouge, la devise. Au revers, la date de la création. Elle s'attache sur la poitrine, par un ruban blanc, liséré rouge. (Pl. XII, n° 5.)

La croix de commandeur a une toute autre forme. Elle a quatre branches, émaillées aux couleurs nationales. Au centre, sur fond d'émail rouge, le chiffre du prince Danielo, en or. Elle est surmontée d'une couronne de prince, en or mat, avec bandeau herminé. Elle se porte au col en sautoir. (Pl. XII, n° 6.)

La même décoration est portée par les grands-croix à un large ruban passé en écharpe de l'épaule droite au côté gauche. Ils y adjoignent une plaque à huit croisillons d'argent, brillantés, séparés par un rayon uni, et portant la croix de l'ordre appliquée au centre.

ORDRE DE VENEZUELA.

Cet ordre, fondé le 20 août 1861, est formé de quatre classes : Grands-croix, — grands-officiers, — commandeurs, — chevaliers.

La décoration consiste en une étoile à six branches, entre lesquelles passent des feuillages de chêne et de laurier. Au centre, figurent les armes de la république, et au revers, la date de la fondation, avec la devise : *Honor al merito*. Le ruban est rouge, liséré de bleu clair.

ORDRE DE SCHWARZBOURG.

Cet ordre a été créé récemment par les ducs de Schwarzbourg-Sondershausen et Rudolstadt. Il est composé de trois classes : Grands-croix, — commandeurs, — chevaliers.

La croix, de forme ovale, est blanche, sans boules aux extrémités. Au centre, sur un fond d'émail bleu, est un lion grimpant, d'or, sommé d'une couronne de prince. Au revers, le même écusson portant, au centre, les lettres *G-F-C*, enlacées et couronnées.

Le ruban est orange, coupé de trois bandes bleu de roi.

ORDRE DE SANTA-ROSA, DU HONDURAS.

Depuis quelques années les républiques américaines ont créé, à l'instar des monarchies européennes, des signes de distinction. Toutefois, ce n'étaient pas là encore de véritables ordres de chevalerie, mais plutôt des distinctions spéciales et temporaires. La république de Honduras vient de faire un pas de plus en instituant l'*Ordre de Santa-Rosa et de la Civilisation*. Les statuts ne nous sont pas encore parvenus, mais nous savons qu'il y aura, comme dans d'autres ordres, croix, plaque et grand-cordon.

Le bijou de l'ordre est une croix à quatre branches en émail blanc, reliées par des palmes vertes, et couronnée d'or. Elle est surmontée d'une seconde couronne en émail vert. Au centre, la devise de l'ordre sur émail vert. La plaque consiste en une étoile en argent brillanté, de forme spéciale, sur laquelle est appliquée la croix. Le ruban est bleu, blanc et rouge.

TABLE DES MATIÈRES.

		Pages
AUTRICHE.	Croix de Mérite militaire.	1
	Décoration de Service militaire.	2
	Médaille tyrolienne.	2
	Médaille du Schleswig.	3
BAVIÈRE.	Ordre du Mérite de la couronne de Bavière.	4
	Ordre de Saint-Michel.	4
	Ordre de Louis.	5
	Ordre de Saint-Georges.	5
BELGIQUE.	Croix commémorative.	7
	Décoration civique.	7
	Décoration agricole et ouvrière.	10
BIRMANS.	Ordre du Soleil d'or.	11
CAMBODGE.	Ordre de Cambodge.	12
CHINE.	Ordre du Dragon.	13
DANEMARK.	Médaille pour le dévouement.	14
ESPAGNE.	Ordre de Mérite militaire.	15
	Ordre de Mérite naval.	16
	Ordre de Bienfaisance.	17
	Médaille d'Afrique.	17
	Médailles et croix de distinction.	18
ÉTATS DE L'ÉGLISE.	Ordre de Pie.	22
	Décoration de Mérite.	23
	Médaille de Castelfidardo.	24
	Croix de Mentana.	25
FRANCE.	Médaille de Sainte-Hélène.	27
	Médaille de Crimée.	27
	Médaille d'Italie.	28
	Médaille de Chine.	28
	Médaille du Mexique.	28
	Médailles pour actes de courage et de dévouement.	29
	Palmes universitaires.	30
GRANDE-BRETAGNE.	Étoile de l'Inde.	31
	Médaille de l'Inde.	32
	Croix de Victoria.	32
	Médaille de Chine.	34
	Médaille du Service militaire.	34
	Médaille de Crimée.	34
	Médaille d'Albert.	35
GRÈCE.	Ordre du Sauveur.	85
HANOVRE.	Ordre de Saint-Georges.	36
	Ordre d'Ernest-Auguste.	38
HAWAII.	Ordre de Kamehameha.	40

		Pages
HONDURAS.	Ordre de Santa-Rosa et de la Civilisation	86
ITALIE.	Ordre des Saints Maurice et Lazare	41
	Ordre de la Couronne d'Italie	47
	Ordre royal militaire de Savoie	49
	Médaille de l'Indépendance	50
MECKLEMBOURG.	Ordre de la Couronne de Vandalie	51
MEXIQUE.	Ordre de l'Aigle mexicaine	52
	Ordre de Notre-Dame de la Guadeloupe	53
	Ordre de Saint-Charles	53
	Médaille de Mérite	54
	Croix de la Constance	54
MONACO.	Ordre de Saint-Charles	55
MONTENEGRO.	Ordre de l'Indépendance	85
NASSAU.	Ordre du Lion d'or	56
	Ordre d'Adolphe	57
NICARAGUA.	Ordre américain de San-Juan	58
OLDENBOURG.	Ordre de Mérite de Pierre-Frédéric-Louis	59
PAYS-BAS.	Ordre de la Couronne de chêne	60
	Croix de Waterloo	60
	Croix d'Ancienneté	60
PERSE.	Ordre du Lion et Soleil	69
PORTUGAL.	Ordre de Saint-Jacques	61
PRUSSE.	Ordre de la Couronne royale	64
	Ordre de la maison de Hohenzollern	65
	Ordre de Louise	66
	Croix de Duppel	67
	Médaille pour la campagne de Danemark	67
	Croix commémorative	68
RUSSIE.	Médaille pour la guerre de Hongrie	71
	Médaille pour la guerre de Crimée	71
	Médaille et plaque pour la guerre du Caucase	72
	Médaille pour la guerre du Daghestan	72
	Médaille pour la répression de l'insurrection polonaise	72
	Médailles pour l'émancipation des serfs	73
	Médaille d'Assiduité	73
	Médaille de Nina	73
SAINT-MARIN.	Ordre équestre de Saint-Marin	74
SAXE-ROYALE.	Ordre d'Albert le Valeureux	77
SCHWARZBOURG.	Ordre de Mérite	86
SUÈDE.	Ordres de l'Épée et de l'Étoile polaire	78
	Ordre du Mérite	78
	Ordre de Wasa	75
TERRE-SAINTE.	Ordre du Saint-Sépulcre	79
TUNIS.	Ordre de Tunis	82
TURQUIE.	Ordre de l'Osmanié	83
	Ordre du Medjidié	84
	Médaille de Crimée	84
	Médaille pour le siége de Silistrie	84
VENEZUELA.	Ordre du Mérite	85

www.ingramcontent.com/pod-product-compliance
Lightning Source LLC
Chambersburg PA
CBHW070520100426
42743CB00010B/1886